Lass los, was dich zurückhält!

John L. Mason

Adullam

Adullam Verlag
St.-Ulrich-Platz 8
85630 Grasbrunn

ISBN 3-931484-16-5

Bestellungen sind an obenstehende Adresse zu richten.

1. Auflage, März 2001

Available in other languages from:
Access Sales International (ASI)
P.O. Box 700143
Tulsa, OK 74170-0143 USA
Fax: 001-918-496-28822

Alle Bibelzitate wurden, es sei denn, sie sind anderweitig gekennzeichnet,
der Revidierten Elberfelder Bibel,
R. Brockhaus Verlag Wuppertal, Ausgabe 1987, entnommen.

Übersetzung: Jutta Sprycha
Umschlag: Anne Dittrich, Druckerei Mißbach
Satz und Umbruch: Adullam Verlag
Druck: Holzmann Druck, Bad Wörishofen
Lektorat: Stefanie Ecker M. A., Christa Schmidt

Inhalt

STOP

TEIL II: Schau voraus

Lies, was verschiedene christliche Leiter über John Mason und sein Buch *Laß los, was dich zurückhält!* schreiben:

„Daß John Masons Worte und Weisheiten originell und praktisch anwendbar sind, ist eine erwiesene Tatsache, und das läßt jedes neue Buch von ihm zu einem feierlichen Ereignis werden. Hier ist ein weiteres – lies es und profitiere davon!“

Pastor Dr. habil. Jack W. Hayford
The Church On The Way
Van Nuys, Kalifornien

„Wieder einmal hat John Mason wertvolle Gedanken, Zitate und biblische Wahrheiten zusammengestellt, die das Leben aufhellen, erfrischen und bereichern. *Laß los, was dich zurückhält!* ist sowohl für Leiter wie auch für Laien eine großartige Fundgrube voller Ideen und Ermutigungen. Ich empfehle es!“

Edwin Louis Cole
Christian Men's Network
Dallas, Texas

„Wenn Gott spricht, hört John Mason zu. Wenn John Mason spricht, hat er Millionen von Zuhörern. Seine Bücher haben das Schicksal von Tausenden verändert, vielen Leidenden Heilung gebracht und Unzähligen neue Hoffnung vermittelt. Dieses Buch *Laß los, was dich zurückhält!* wird eines der besten Bücher sein, das du je gelesen hast.“

Dr. Mike Murdock
Mike Murdock Evangelistic Association
Dallas, Texas

„John Mason fordert uns heraus, so zu leben, wie Gott es für uns vorgesehen hat. Seine prägnanten Illustrationen und Zitate bringen uns die Wahrheiten des Wortes Gottes auf einer persönlich anwendbaren Ebene näher. Sei bereit, loszulassen und in die Freiheit hinauszutreten!“

Pastor Billy Joe Daugherty
Victory Christian Center
Tulsa, Oklahoma

„Gott hat in jeden Menschen das Potential gelegt, in einer notleidenden Welt Veränderung zu bewirken. In John Masons Buch *Laß los, was dich zurückhält!* werden dir deine eigenen Möglichkeiten ständig vor Augen gehalten, und du wirst auf eine geschickte Art ermutigt, das ganze Potential des Lebens auszuschöpfen. Dieses Buch wird deinem Selbstwertgefühl einen Raketenantrieb verpassen."

Ron Luce
Teen Mania Ministries
Tulsa, Oklahoma

„John Mason ist nicht nur mir ein Freund geworden, sondern auch vielen Geschäftsleuten in meiner Gemeinde. Seine einfache Betrachtungsweise der alltäglichen Herausforderungen hat vielen von ihnen geholfen, ihre Probleme in Fortschritt umzuwandeln. Viele erfolgreiche Firmen in Tulsa sind John Mason wegen seiner Weisheit ein ‚Dankeschön' schuldig.

Laß los, was dich zurückhält! ist ein sehr schlagkräftiges Buch gegen das größte Hindernis, das uns den Weg zum Erfolg versperren will: *wir selbst.* Antriebslosigkeit, Aufschub und Mittelmäßigkeit sind die Riesen, die mit Weisheit gezielt zu Fall gebracht werden können. Du kannst dieses Buch nicht lesen und die darin enthaltenen Prinzipien anwenden, ohne daß sich in deinem Leben Erfolg einstellt."

Pastor Bob Yandian
Grace Fellowship
Tulsa, Oklahoma

„Diesmal hat John Mason sich selbst übertroffen! Er hat ein zeitloses Meisterwerk über Antriebskraft hervorgebracht. Verschwende nicht deine Zeit oder dein Geld für irgendwelche Selbsthilfebücher – lies zuerst dieses Buch!

Laß los, was dich zurückhält! spürt das Wurzelproblem der Frustration auf und wird dich dafür begeistern, mit Lebensprinzipien zu glänzen, die zu einem erfüllten Leben führen."

Mario Murillo
Mario Murillo Ministries
San Ramon, Kalifornien

Widmung

Für Dave, dessen Fröhlichkeit mich daran erinnert, immer ein Lächeln auf dem Gesicht zu haben.

Für Mike, der mich durch seine Energie und Wißbegierde dazu anspornt, kreativ zu sein.

Für Greg, der mich durch seine Geduld dazu ermahnt, kleine Schritte zu machen.

Für Michelle, deren Liebe zur Musik mich daran erinnert, ein Leben des Lobpreises zu führen.

Und für meine Frau Linda, die mich durch ihre Hingabe an Gott ständig dazu anspornt, ein Mann zu sein, der die Prioritäten richtig setzt.

Danksagung

An drei großartige Freunde ...

Mike Loomis: Danke für deinen Humor und deine Zustimmung.

Tim Redmond: Danke für deine prophetische Einsicht in mein Leben.

Tom Winters: Danke, daß du mir geholfen hast, die „Scheuklappen" von meinem Denken zu entfernen.

Auch ein besonderes Dankeschön an Leyna Blackbird-Irby für ihre freudige Mithilfe beim Tippen dieses Buches

und an Deborah Poulalion für ihre herausfordernde und ausgezeichnete Überarbeitung.

Einführung

Antriebskraft – was für ein großartiges Wort, um ein Leben voller Energie zu beschreiben. Ich bin ohne jeden Zweifel davon überzeugt, daß es Gottes Wille ist, daß du Antriebskraft besitzt. Er möchte, daß du alles losläßt, was dich in deinem Wachstum und in deiner Entwicklung zurückhält, damit du dich über das hinaus entwickelst, was du heute bist.

Antriebskraft besitzt folgende Merkmale: 1.) Sie ist entschlossen; 2.) sie verfolgt unbeirrbar ihre Ziele; 3.) sie bedeutet grenzenlose Begeisterung; 4.) sie verlangt gebündelte Energie und die tiefe Überzeugung, berufen zu sein; und vor allem besitzt sie 5.) eine grenzenlose Vision und verpflichtet sich dazu, in allem dein Bestes zu geben.

Ich glaube, daß die Schwungkraft für dein eigenes Leben in dir entfacht werden und zunehmen wird, während du dieses Buch liest. Die Bibel sagt, daß du davon überzeugt sein kannst, daß „der, welcher ein gutes Werk in euch angefangen hat, es vollenden wird, bis auf den Tag Christi Jesu" (Phil. 1, 6).

Sei zuversichtlich und hole dir Gottes Antriebskraft für dein Leben!

Schau in dich hinein

Kostbare Wahrheit Nr. 1

EIN DIAMANT IST EIN STÜCK KOHLE, DAS UNTER AUSHARREN UND DRUCK GUTES HERVORGEBRACHT HAT.

Unser tägliches Gebet sollte folgendermaßen lauten: „Herr, gib mir die Entschlossenheit und die Beharrlichkeit eines Unkrauts!" Es heißt, daß eine große Eiche lediglich eine kleine Nuß ist, die nicht von der Stelle gewichen ist. „Denn unsere Drangsal, die schnell vorübergehend und leicht ist, verschafft uns eine ewige und über alle Maßen gewichtige Herrlichkeit" (2. Kor. 4, 17; Schlachter). Viele von uns packen zwar Gelegenheiten am Schopf, doch sie geben zu früh auf.

Don B. Owens sagte zu Recht: „Viele Menschen versagen im Leben, weil sie dem Sprichwort glauben: ‚Wenn etwas nicht gelingt, versuch dein Glück woanders.' Aber der Erfolg macht einen Bogen um diejenigen, die solchem Rat folgen. Träume sind deshalb wahr geworden, weil Menschen an ihrem Ziel festgehalten haben. Sie haben sich einfach nicht entmutigen und von Enttäuschungen unterkriegen lassen. Herausforderungen waren für sie lediglich ein Ansporn, sich noch mehr anzustrengen." Du wirst nach dem beurteilt werden, was du zu Ende gebracht hast, nicht nach dem, was du angefangen hast. Sorge dich nicht, wenn du nicht sofort Resultate siehst. Gott zahlt nicht wöchentlich aus, sondern zum Schluß.

Alle großen Errungenschaften erfordern Zeit und Durchhaltevermögen. Verliere nicht die Geduld, denn der letzte Schlüssel am Bund könnte derjenige sein, der die Tür öffnet. Eine Sekunde länger durchzuhalten als deine Konkurenz, läßt dich zum Sieger werden. Mache dir dadurch einen Namen, daß du wichtige, schwierige Aufgaben zu Ende bringst.

Laß los, was dich zurückhält

Wenn du versucht bist aufzuhören, dann denke an Brahms, der sieben Jahre lang brauchte, um sein berühmtes Wiegenlied zu komponieren, weil er immer wieder am Klavier eingeschlafen ist – Scherz beiseite; aber es kostete ihn tatsächlich sieben Jahre, es zu vollenden. Ich bin ganz Woodrow Wilsons Meinung, der sagte: „Lieber würde ich in einer Sache versagen, die schließlich zu Erfolg führt, als daß mir etwas gelingt, das sich schließlich als Fehlschlag erweist." 90 Prozent allen Versagens ist darauf zurückzuführen, daß Menschen zu früh aufgegeben haben. „Laßt uns aber im Gutestun nicht müde werden, denn zur bestimmten Zeit werden wir ernten, wenn wir nicht ermatten" (Gal. 6, 9). Um Erfolg festzunageln, benötigt man den Hammer der Hartnäckigkeit.

Viele derer, die versagen, haben nicht erkannt, wie nahe sie ihrem Ziel schon waren, als sie aufgegeben haben. Harriet Beecher Stowe schrieb: „Wenn du dich in die Enge getrieben fühlst, alles gegen dich arbeitet und du das Gefühl hast, keine einzige Minute mehr durchhalten zu können, dann gib niemals auf, denn das ist genau der Zeitpunkt und der Ort, an dem sich das Blatt wendet.

Eine Gelegenheit entdeckt man immer dann, wenn man hartnäckig einer Möglichkeit nachjagt. Wenn man sich die Grundbedeutung des Wortes *erfolgreich sein* vergegenwärtigt, stößt man auf die Bedeutung 'durchhalten und (zu Ende) verfolgen'. Jeder Diamant bezeugt, daß er lediglich ein Stück Kohle war, das unter Ausharren und Druck Gutes hervorgebracht hat.

Der Weg zum Erfolg führt bergauf, erwarte deshalb nicht, dabei Geschwindigkeitsrekorde zu brechen. Ungeduld kommt dich teuer zu stehen. Die größten Fehler wirst du begehen, wenn du ungeduldig bist. Die meisten schlagen einfach nur deswegen fehl, weil sie ungeduldig sind und die Strecke vom Anfang bis zum Ende nicht schaffen.

„Eine entschlossene Person wird mit einer rostigen Rohrzange mehr erreichen als ein träger Mensch mit allen Werkzeugen einer Werkstatt", sagt Rupert Hughs. Die Kraft, trotz allen Widerstands weiterzumachen und durchzuhalten, zeichnet den Gewinner aus.

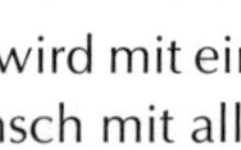

Kostbare Wahrheit Nr. 2

Wenn du versuchst, jemanden nachzuahmen, bist du bestenfalls die Nummer 2.

Du und ich sind gleich zur Welt gekommen, und doch sind wir unterschiedlich. Möchtest du eine herausragende Persönlichkeit in dieser Welt sein? Dann sei du selbst. Sei so, wie du wirklich bist. Dies ist der erste Schritt auf dem Weg, besser zu werden, als du jetzt bist. „Keiner kann wirklich erfolgreich sein, bevor er nicht seinen Platz gefunden hat. Vergleichbar einer Lokomotive, ist er auf den Schienen stark, aber überall sonst schwach" (Orson Marden). Entschließe dich, du selbst zu werden!

Hüte dich davor, ein Mitläufer zu sein. Sei eine Lokomotive, kein Dienstwagen. Wie Herman Melville geschrieben hat: „Es ist besser als Original fehlzuschlagen, als als Nachahmer erfolgreich zu sein." Durchschnittsmenschen wollen lieber falsch liegen, als sich von anderen zu unterscheiden. Wir opfern dreiviertel unserer Persönlichkeit, um so zu sein wie andere. Anpassung ist der Gefängniswärter der Zufriedenheit und der Feind des Wachstums. Wußtest du, daß du dazu bestimmt bist, anders zu sein? Wage es, dich abzuheben und deinen eigenen Weg zu gehen.

„Sei du selbst. Wer ist dazu besser qualifiziert als du?" (Frank Giblin). Stelle dir selbst zwei Fragen: Wenn ich versuche, wie er zu sein, wer ist dann wie ich? Wenn ich nicht ich bin, wer bin ich dann? Je mehr du dein Potential entwickelst, desto weniger läufst du Gefahr, jemand anderem ähnlich zu werden. Der Versuch, wie jemand anderer zu sein, ist selbstzerstörerisch. Zum Sinn deines Lebens gehört es, daß du dich selbst hervorbringst. Solange du versuchst, jemand anderen nachzuahmen, wirst du bestenfalls die Nummer 2 sein.

Laß los, was dich zurückhält

Wir können unsere Bestimmung nicht erfüllen, wenn wir den Weg eines anderen gehen. Jemand, der immer nur den Fußstapfen eines anderen nachfolgt, wird keine neuen Entdeckungen machen. „Folge nicht einem vorhandenen Weg – geh stattdessen dort, wo noch kein Weg ist, und hinterlasse eine Spur" (Unbekannt). „Da wir aber verschiedene Gnadengaben haben nach der uns verliehenen Gnade, so laßt sie uns gebrauchen ..." (Röm. 12, 6).

„Gleicht euch nicht dieser Welt an, sondern wandelt euch und erneuert euer Denken ..." (Röm. 12, 2; Einheitsübersetzung). „Je mehr du du selbst bist, desto weniger ähnelst du jemand anderem" (Walt Disney). Du bist wie ein Baum: Du mußt die Früchte hervorbringen, die in dir stecken.

Du kannst nicht normal sein. Der Durchschnittsmensch kommt nicht weit. Du mußt außergewöhnlich sein, wenn du ein Champion werden willst. Es ist nicht deine Aufgabe, dich neu zu erschaffen, sondern das Beste aus dem zu machen, was Gott geschaffen hat. Schade dir nicht selbst – du bist alles, was du hast. „Fast jeder Mensch verschwendet einen Teil seines Lebens bei dem Versuch, Eigenschaften zutage zu fördern, die er gar nicht besitzt" (Samuel Johnson). Kämpfe nicht dein ganzes Leben lang damit, zu sein, was du nicht bist, und etwas zu tun, was du nicht tun sollst.

Du bist ein einmaliges Wunder. Du bist so, wie Gott dich gemacht hat. Und weil Er damit zufrieden ist, solltest du es auch sein!

Kostbare Wahrheit Nr. 3

Leute wollen Reichtümer. Was sie brauchen, ist die Erfüllung ihrer Bestimmung.

Dem Menschen mit einer Bestimmung verschafft die Welt Raum. Durch seine Worte und Taten kommt zum Ausdruck, daß er weiß, wo er hingeht. Du bist dazu geschaffen, Umstände zu überwinden, Probleme zu lösen und Ziele zu erreichen. Du wirst mit deinem Leben niemals richtig zufrieden und glücklich sein, wenn du keine Hürden überspringen, keine Ziele erreichen und keine Bestimmung erfüllen kannst. Leute sagen, sie wollen Reichtümer. Was sie brauchen, ist die Erfüllung ihrer Bestimmung. Wir werden dann Glück erleben, wenn wir völlig in der Erfüllung unserer Bestimmung aufgehen.

In dir steckt ein schlafender Löwe. Betrachte dich selbst als jemanden, der einen Auftrag erfüllt. Mach dir bewußt, daß dein Leben in eine ganz bestimmte Richtung führt und einen ganz bestimmten Zweck hat. Hinter einem erfolgreichen Leben verbirgt sich ein Ziel, das zum Handeln anspornt. Gott kann deine Pläne nur dann segnen und dir bei ihrer Verwirklichung helfen, wenn du welche hast. Großen Taten gehen immer starke Überzeugungen voraus.

Wenn du dich deinem Schicksal ergibst, wird es deine Kapitulation sofort anerkennen. Du hast kein Schicksal; du hast eine Bestimmung. Wenn du in die Zukunft blickst, wirst du feststellen, daß dich ihr strahlendes Licht blenden wird. Mich hat folgende Aussage von George Elliot sehr ermutigt: „Es ist nie zu spät, das zu werden, was du hättest sein können."

„Es versagen mehr Menschen Mangels an Bestimmung als Mangels an Talent" (Billy Sunday). Wenn dein Motto ist: „Was sein wird, wird sein", wirst du sehr wahrscheinlich dein Ziel verfehlen. „Wenn du nicht weißt, wohin du gehst, wirst du vermutlich irgendwo anders landen" (Robert F. Mager). Zu viele Menschen wissen nicht, wohin sie gehen, doch sie sind unterwegs. Wachstum um des Wachstums willen ist die Methode einer Krebszelle. Geh voran mit einem Ziel vor Augen!

Lord Chesterfield schrieb: „Eine klare Bestimmung zu haben, ist eine der notwendigsten Kraftquellen einer Persönlichkeit und eines der besten Mittel zum Erfolg. Ohne sie verlieren sich alle Bemühungen des Genies im Wirrwarr der Unbeständigkeiten". Dir wird mit Sicherheit ein anderes Kreuz auferlegt werden, wenn du vor dem davonläufst, das für dich bestimmt ist. Der Mensch, der in keine bestimmte Richtung geht, ist Sklave der Umstände, die auf ihn einwirken. Nicht der, der keinen Pfennig besitzt, ist der ärmste Mensch, sondern der, der ziellos ist. „Das einzige, was manche Menschen tun, ist älter werden" (Ed Howe).

„Wenn du kein Lebensziel hast, hast du dich wahrscheinlich auch mit nichts ernsthaft beschäftigt" (Dr. David Burns). Ohne konkrete Vision gibt es keine klare und anhaltende Konzentration. Wenn dein Ziel einmal feststeht, werden sich die Entscheidungen wie von selbst treffen lassen. „Wenn du deinen Auftrag entdeckt hast, wirst du die damit verbundenen Anforderungen spüren. Er wird dich mit Begeisterung und dem brennenden Verlangen erfüllen, an dieser Aufgabe zu arbeiten" (W. Clement Stone).

Kostbare Wahrheit Nr. 4

Lebe nicht im Rahmen deiner Möglichkeiten.

Es geschieht zwar nicht oft, doch während ich dieses Buch geschrieben habe, wurde ich eines Nachts vom Herrn aufgeweckt. Er regte mich dazu an, eine kostbare Wahrheit mit der Überschrift „Lebe nicht im Rahmen deiner Möglichkeiten" zu schreiben. Obwohl es erst 4.50 Uhr war, war ich so begeistert darüber, daß ich meine Frau aufweckte und ihr einige Minuten lang eine „Predigt" hielt. (Sie sagte, sie fände die Idee großartig, doch sie bräuchte dringend ihren Schlaf.)

Was denke ich, meint Gott damit, wenn Er sagt: „Lebe nicht im Rahmen deiner Möglichkeiten?" Ich glaube, Er möchte, daß wir größere Taten vollbringen, stärkeren Glauben entwickeln, uns nach Höherem ausstrecken und (mit Gott) mehr tun, als wir erbitten oder uns vorstellen können. Deine Einstellung bestimmt, was du erreichen wirst. Wenn Gott dein Partner ist, solltest du GROSSE Pläne schmieden!

Ich möchte dich nicht dazu ermutigen, verrückt zu spielen, alle Grenzen zu überschreiten oder leichtsinnig zu sein. Natürlich sollen wir nicht über unsere Verhältnisse leben, doch wir sollen uns auch nicht von ihnen einschränken lassen. Rede mit Leuten, die klüger sind als du. Hör auf die, die geistlicher sind als du. Frage Menschen, die mehr Erfolg haben als du. Greife denen unter die Arme, denen es nicht so gut geht wie dir. Bleibe nicht dort, wo du bist.

Ich glaube, daß manche Menschen, die sich für bescheiden halten, in Wirklichkeit gar nicht bescheiden sind. Vielmehr sind sie voller Angst. Hinter der Fassade der Bescheidenheit, der Ausgeglichenheit oder des Konservatismus' verbirgt sich oftmals eine tiefsitzende

Angst in ihrem Leben. Plane nicht so gründlich für die Regentage voraus, daß du dich nicht mehr über die Sonne freuen kannst, die heute scheint.

Wenn du dich nur im Rahmen deiner Mittel und Möglichkeiten bewegst, kannst du nicht im Glauben leben. Und wenn du nicht im Glauben lebst, hat Gott keinen Gefallen an dir, denn „ohne Glauben aber ist es unmöglich, ihm wohlzugefallen“ (Hebr. 11, 6). Hör ein für alle Mal damit auf, nach Sicherheit zu suchen. „Nur die Unsicheren streben nach Sicherheit“ (Wayne Dyer). Wenn du lediglich versuchst, für dein Überleben zu sorgen, wirst du vergessen, wie man lebt.

Keith Provance – ein Mann, der mein Leben stark beeinflußt hat – sagte einmal etwas, was ich nie mehr vergessen habe: „Wen Gott beruft, den rüstet er auch aus. Wen er ausrüstet, dem gibt er auch die Fähigkeit, die Aufgabe zu erledigen.“ Ganz abgesehen davon, welche Fähigkeiten du hast, hat Gott dich mit einem so großen Potential ausgestattet und dich gesalbt, daß dein ganzes Leben nicht ausreicht, um es völlig auszuschöpfen. Laß es nicht so weit kommen, daß die Zukunft die Zeit ist, in der du wünschtest, du hättest das getan, was du jetzt nicht tust.

Wem der Schuh paßt, der sollte ihn nicht anziehen. Wenn du es nämlich tust, hast du keinen Platz mehr für Wachstum. Webster wußte alles über die Wirkungslosigkeit „eines Lebens im Rahmen der eigenen Mittel“. Wenn du das Wort *Mittel* in seinem Wörterbuch nachschlägst, wirst du auf das Wort *Durchschnitt* verwiesen. Ein durchschnittliches Leben ist das Resultat eines Lebens im Rahmen der zur Verfügung stehenden Mittel.

Kostbare Wahrheit Nr. 5

WENN DU KEINE FEHLER MACHST, WIRST DU NICHT WACHSEN.

Der größte Fehler, den du im Leben begehen kannst, ist, dich ständig davor zu fürchten, einen Fehler zu machen. „Hab keine Angst davor fehlzuschlagen. Verschwende keine Energie darauf, Fehler zu vertuschen. Wenn du keine Fehler machst, wirst du nicht wachsen", sagt H. Stanley Judd. Wenn erfolgreiche Menschen aufhören zu wachsen und zu lernen, ist der Grund dafür, daß ihre Bereitschaft, einen Fehler zu riskieren, immer mehr nachläßt. „Ein Fehler ist eine Verzögerung, keine Niederlage. Er ist ein vorübergehender Umweg, keine Sackgasse" (William A. Ward).

Wir alle machen Fehler – vor allem diejenigen, die etwas tun. Ein Mißlingen ist oftmals der erste notwendige Schritt zum Erfolg. Wenn wir das Risiko, einen Fehler zu machen, nicht in Kauf nehmen, haben wir keine Chance auf Erfolg. Nur wenn wir einen Versuch starten, werden wir gewinnen. Fehler sind die natürlichen Folgen eines Versuches. „Laß es nicht zu, daß sich dir die Angst vor einem Fehlschlag in den Weg stellt" (Babe Ruth, amerikanische Baseball-Legende).

Versuche nicht länger, perfekt zu sein! Wenn du eine wichtige Entscheidung zu treffen hast, dann sage dir selbst voller Überzeugung, daß du es schaffen wirst. Erwarte nicht, daß sie in allem vollkommen sein wird. Ich bin beeindruckt von Winston Churchills Weisheit: „Die Lebensregel: ‚Nur Perfektion führt zum Erfolg', ist mit *Lähmung* gleichzusetzen." Henry Ward Beecher hat geschrieben: „Ich mag diese kalten, präzisen, perfekten Leute nicht, die, um nicht etwas Falsches zu sagen, lieber nie etwas sagen und die, um ja keinen Fehler zu machen, gar nichts tun." Nach Vortrefflichkeit zu streben ist erbaulich und zufriedenstellend; vollkommen sein zu wollen ist frustrierend, unproduktiv und eine schreckliche Zeitverschwendung.

Laß los, was dich zurückhält

In Wirklichkeit bist du wie ein Teebeutel. Du erkennst erst dann, was in dir steckt, wenn du in heißes Wasser getaucht wirst. Fehler können wir nur dadurch vermeiden, daß wir nichts sagen, nichts tun und niemand sind. „Denke daran, daß Mißerfolge zwei Vorteile mit sich bringen. Erstens entdeckst du auf diese Weise, was nicht funktioniert; und zweitens eröffnet dir ein Fehlschlag die Möglichkeit, es noch einmal zu versuchen“ (Roger Von Oech).

Manche Niederlagen sind lediglich Etappen auf dem Weg zum Sieg. Henry Ford machte die Bemerkung: „Selbst ein Fehler kann sich im Nachhinein als der notwendige Faktor für eine Errungenschaft herausstellen.“ Manche Menschen lernen aus ihren Fehlern; einige erholen sich nie mehr von ihnen. Lerne, auf intelligente Weise zu versagen. Ziehe Erfolg aus deinen Fehlschlägen.

Entmutigung und Versagen sind zwei der sichersten Sprossen auf der Erfolgsleiter. Nichts anderes kann so viel für einen Menschen bewirken, wenn er bereit ist, aus ihnen zu lernen und das Beste daraus zu machen. „Die meisten Leute denken, Erfolg und Niederlage seien Gegensätze, doch eigentlich ist beides das Ergebnis desselben Vorgangs“ (Roger Von Oech). Die Zeiten, in denen du Mißerfolge hast, eignen sich am besten dafür, Samen des Erfolgs zu säen. Erfolgreiche Menschen haben keine Angst davor, zu versagen. Sie gehen von einem Mißerfolg zum nächsten, bis sie schließlich Erfolg zu verzeichnen haben. Der beste Weg, um deinen Erfolg zu beschleunigen, ist, deine Fehlerquote zu verdoppeln. Das Gesetz des Mißerfolgs ist eines der wirkungsvollsten Erfolgsrezepte.

„Ganz gleich, was du für Fehler gemacht hast – ganz gleich, wie sehr du alles vermasselt hast –, du kannst trotzdem noch einmal von vorne anfangen. Wer diese Tatsache wirklich erkannt hat, leidet nicht so sehr unter dem Schock und dem Schmerz des Versagens und kommt schneller wieder auf die Beine, um einen neuen Versuch zu wagen“, sagte Norman Vincent Peale.

Kostbare Wahrheit Nr. 6

Konfrontiere Tradition beständig mit Kreativität und Vorstellungskraft.

Lege ab und zu eine Pause ein, und träume ein bißchen in den Tag hinein. Du mußt deiner Phantasie Raum und Gelegenheit geben, sich zu entfalten. Es ist nie zu spät für dich, anzufangen schöpferisch zu denken. Oftmals ist mangelnde Vorstellungskraft die Ursache, die einen Menschen davon abhält, sein Potential auszuschöpfen. Mit neuen Ideen verhält es sich wie mit dem Rasieren: Wenn du es nicht täglich tust, bist du schlampig. Laß den Strom neuer, aufregender und kraftvoller Ideen nie abbrechen, und reagiere sofort auf sie.

Konfrontiere Tradition beständig mit Kreativität und Vorstellungskraft. „Die Möglichkeiten eines Menschen werden nur durch seine eigene Vorstellungskraft beschränkt. Vorstellungskraft haben aber nur wenige, so daß auf zehntausend Geiger nur ein Komponist kommt" (Charles Kettering). Deine Träume sind eine Vorschau auf deine zukünftige Größe. Alle, die jemals etwas Großartiges erreicht haben, waren Träumer. Es ist durchaus möglich, daß diejenigen, die am meisten tun, am häufigsten träumen. Ein kleinkarierter Denker hinterläßt selten einen tiefen Eindruck. Wir handeln oder unterlassen es zu handeln, nicht wegen unserer *Willenskraft* – wie meist geglaubt wird –, sondern weil wir keine *Vision* haben. Nur wenn du das Unsichtbare siehst, kannst du das Unmögliche tun.

„Ideen sind wie Hasen. Du fängst mit einem Paar an und lernst, mit ihnen umzugehen, und im Nu hast du ein ganzes Dutzend" (Unbekannt). Du wirst mehr aus jedem Bereich deines Lebens herausholen, wenn du unverbesserlich neugierig bleibst. „Das Wichtigste ist, daß du nie aufhörst zu fragen. Verliere niemals die heilige Neugier"

(Albert Einstein). Dexter Yager sagt: „Laß dir von niemandem deinen Traum stehlen."

„Wir müssen einen Traum haben, wenn wir einen Traum verwirklichen wollen" (Cenis Waitley). Nichts geschieht, wenn es nicht zuvor einen Traum gibt. Je mehr du träumen kannst, desto mehr kannst du tun. „Ideen sind wie Sterne: Wir erreichen sie nie, doch wir richten, wie die Seefahrer auf dem Meer, unseren Kurs nach ihnen" (Carl Schurz). „Da es keinen Pfennig kostet zu träumen, wirst du dich nie unterbezahlen, wenn du deiner Phantasie mehr Freiraum läßt" (Robert Schuller). Betrachte die Dinge nicht, wie sie sind, sondern wie sie sein könnten. Eine Vision macht alles wertvoller. Eine einzige Idee – ein Gedankenblitz – kann eine Million Mark wert sein.

Gott hat uns eine unvollendete Welt überlassen, damit wir an der Freude und Befriedigung, die sich aus schöpferischer Arbeit ergibt, teilhaben können. Ted Engstrom erklärt: „Kreativität ist in jeden von uns gelegt worden; sie ist Teil unserer Grundausstattung. Jeder, der sich entscheidet, ohne diese schöpferischen Kräfte zu leben, die wir besitzen, erfährt nicht die Lebensqualität, die Gott für uns vorgesehen hat."

„Ich bin ein großer Fan von Träumen. Leider sind Träume im Tumult des Lebens oft die ersten Opfer: Sie scheinen eher als irgend etwas anderes zugunsten der ‚Realität' aufgegeben zu werden" (Kevin Costner). „Realistische Menschen mit praktischen Zielen sind auf lange Sicht gesehen selten so realistisch und praktisch wie die Träumer, die ihre Träume verfolgen" (Hans Selye).

Was du brauchst, ist eine Idee. Sei so mutig und lebe deine Kreativität aus!

Kostbare Wahrheit Nr. 7

KOMME IN DER ZEIT VORAN, DIE ANDERE VERSCHWENDEN.

Sei nicht jemand, der sagt: „Auf die Plätze! Fertig, fertig, fertig, fertig ..." Wenn sich dir eine Gelegenheit bietet, dann ergreife sie, ohne zu zögern! Ganz gleich, wie klein diese Gelegenheit auch sein mag, nutze sie! Tu', was du tun mußt, und wann es getan werden muß, ob du möchtest oder nicht. „Wer zögert, verpaßt die Grünschaltung der Ampel, wird von hinten angefahren und um seinen Parkplatz gebracht" (Herbert Prochnow).

Eine der Irreführungen, der diejenigen unterliegen, die ein unproduktives Leben führen, ist die Annahme, heute sei nicht der alles entscheidende Tag. Jeder Tag birgt seine Geschenke in sich. Knote das Band auf, reiß das Papier auf, und öffne sie! Lege dich jeden Tag in deinem Herzen fest, daß heute der beste Tag des Jahres ist.

Bis der Narr das Spiel gelernt hat, sind die Mitspieler schon längst verschwunden, und die Regeln haben sich geändert. Schmiede das Eisen nicht, wenn es kalt ist, sondern handle, wo immer sich die Möglichkeit bietet. Das Leben besteht aus einer nicht abreißenden Kette von Möglichkeiten zum Handeln.

„Erfolgreiche Leiter haben den Mut zu handeln, wenn andere zögern" (John Maxwell). Du wirst nie wissen, was du tun kannst, bis du es versuchst. Bedenke, daß in dem Augenblick, wo du sagst: „Ich gebe auf", jemand anderer dieselbe Situation erkennt und sagt: „Mensch, was für eine großartige Gelegenheit". Tatsache ist, daß keine Gelegenheit verloren geht; irgend jemand wird die Gelegenheiten ergreifen, die du hast verstreichen lassen. Ein Erfolgsrezept im Leben ist, auf die Möglichkeiten vorbereitet zu sein, wenn sie sich dir anbieten. Ohne Gelegenheit nützt alle Fähigkeit nichts.

Laß los, was dich zurückhält

Die Zeit fliegt davon. Es liegt an dir, ob du der Pilot bist. „Erfolg hat nur, wer etwas tut, während er auf den Erfolg wartet“ (Thomas Edison). Ich habe die Beobachtung gemacht, daß die meisten Leute in der Zeit vorwärtskommen, die andere verschwenden. Ein Geheimnis des Erfolgs ist, in der Zwischenzeit noch etwas zusätzlich zu tun. Nutze jeden Augenblick schnell aus.

Es ist später, als du denkst. Sei jetzt bereit! Gottes Wecker hat keine Schlummertaste. Es bringt nichts, aufzustehen und etwas zur Kenntnis zu nehmen, wenn du dich wieder hinsetzt, sobald sich eine Gelegenheit vor dir auftut. Schau sie dir an, schätze sie ein, triff eine Entscheidung! Du schiebst dein Leben auf, wenn du dich nicht entschließen kannst. „Wer auf den Wind achtet, wird nie säen, und wer auf die Wolken sieht, wird nie ernten ... Am Morgen säe deinen Samen und am Abend laß deine Hand nicht ruhen! Denn du weißt nicht, was gedeihen wird: ob dieses oder jenes oder ob beides zugleich gut werden wird“ (Prediger 11, 4 und 6).

William Ward hat folgendes Erfolgsrezept: „Lerne, während die anderen schlafen; arbeite, während andere faulenzen; bereite dich vor, während andere spielen, und träume, während die anderen ihren Wünschen nachhängen.“ Es gibt keine andere Zeit als die Gegenwart und kein Geschenk wie die Zeit. Diejenigen, die sich ihren Vorteil zunutze machen, haben einen Vorsprung in dieser Welt. Laß es nicht soweit kommen, daß du am Ende deines Lebens sagen mußt: „Was für ein wunderbares Leben habe ich gehabt! Ich wünschte mir nur, ich hätte es schon früher erkannt.“

Kostbare Wahrheit Nr. 8

Schau zu, dass du nicht in der Strassenmitte bist.

Dein Schicksal ist kein Zufallsprodukt; es ist das Resultat von Entscheidungen. Manche visieren zwar die richtigen Ziele im Leben an, doch schaffen sie es nicht abzudrücken. Wenn du beschlossen hast, was du willst, hast du die wichtigste Entscheidung in deinem Leben getroffen. Du mußt wissen, was du willst, um es zu bekommen.

„Befiehl dem Herrn deinen Weg und vertraue auf ihn, so wird er handeln" (Ps. 37, 5). Wenn wir treu sind, wird Gott sich darum kümmern, daß wir erfolgreich sind. Erfolg ist das Resultat der bewußten Entscheidung, daß du dein Leben dem Willen Gottes entsprechend ausrichten willst. Führung bedeutet, daß ich mit Gott rechne. Hingabe bedeutet, daß Gott sich auf mich verlassen kann.

Harvey Cox hat gesagt: „Keine Entscheidung ist auch eine Entscheidung." Im Boden der Unentschlossenheit wächst schnell Unkraut. Bleibe nicht in der Straßenmitte! Wer mitten auf der Straße steht, lebt gefährlich; er kann von den Fahrzeugen, die in beide Richtungen fahren, erfaßt werden. Der Zug des Versagens fährt gewöhnlich auf den Gleisen der Entschlußlosigkeit.

Wer unentschlossen ist, kann sterben, bevor er wirklich tot ist. „Unentschlossenheit schwächt; sie vegetiert vor sich hin. Man könnte sagen, aus ihr entwickeln sich Gewohnheiten. Und nicht nur das, sie ist auch ansteckend und überträgt sich auf andere" (H. A. Hopf).

„Der Unterschied, ob man sich an etwas beteiligt oder sich völlig hingibt, besteht nur in der Einstellung. An Rühreiern mit Schinken ist das Huhn beteiligt, aber das Schwein hat sich ganz hingegeben" (John Alan Price). Wenn jemand nicht hingegeben ist, ist er noch zögerlich, die Möglichkeit zum Rückzug besteht noch, und er ist unproduktiv. „Ich werde es tun", lautet der Slogan für ein begeisterndes Leben.

Du mußt zwischen Langeweile und Entscheidungen wählen. Sei nicht wie eine Schubkarre: Sie kommt nie weiter als bis dahin, wo sie von jemandem hingeschoben wird. Die Schwachen sind gezwungen, sich zwischen Alternativen zu entscheiden, die sie nicht für sich selbst ausgesucht, sondern andere für sie bestimmt haben. Mike Murdock hat Recht, wenn er sagt: „Beschwere dich nie darüber, was du selbst zugelassen hast."

Ein weiser Mensch trifft seine eigenen Entscheidungen; ein törichter Mensch folgt der öffentlichen Meinung. Du bist heute da, wo du bist, weil du es dir ausgesucht hast, dort zu sein. Die Wirklichkeit entsteht immer um eine Hingabe herum. Und ein Mensch, der sich etwas verschrieben hat, erreicht stets mehr als hundert Menschen, die lediglich ein gewisses Interesse haben. Hingabe läßt eine Idee Wirklichkeit werden.

Sei entscheidungsfreudig, auch wenn es bedeutet, daß du manchmal einen Fehler machen wirst. Der Schlüssel zu deiner Zukunft liegt in deinen Händen. Wenn du dich verändern willst und dich dazu entscheidest, wirst du es auch schaffen.

Kostbare Wahrheit Nr. 9

Was du siehst, hängt hauptsächlich davon ab, wonach du Ausschau hältst.

Der Grund, warum manche Menschen keine Antworten von Gott bekommen, ist derselbe, warum ein Dieb keinen Polizisten findet: Er rennt davon. Alles hängt davon ab, ob wir uns in eine aufnahmebereite Position begeben. Dem einen erscheint die Welt trostlos, öde und leer; für den anderen ist sie reich, interessant und bedeutsam. Die Entscheidung liegt bei dir. Es verhält sich wie mit dem Zwanzig-Mark-Schein, der so groß erscheint, wenn er in der Kirche gespendet wird, und so klein, wenn er für Lebensmittel ausgegeben wird.

Wenn du das Leben von der verkehrten Perspektive aus betrachtest, gibt es immer einen Grund, beunruhigt zu sein. Was du siehst, hängt hauptsächlich davon ab, wonach du Ausschau hältst. Die meisten beschweren sich darüber, daß Rosen Dornen haben, anstatt dankbar dafür zu sein, daß Dornen Rosen haben.

Stelle dich darauf ein, zu empfangen, nicht zu widerstehen. Wie du die Dinge um dich herum siehst, hängt davon ab, wie es in dir aussieht. „Die Tatsachen, mit denen wir konfrontiert werden, sind nicht so wichtig wie unsere Einstellung ihnen gegenüber, denn diese entscheidet, ob wir erfolgreich sind oder versagen“ (Norman Vincent Peale). „Du und ich sehen die Dinge nicht, wie sie sind. Wir sehen die Dinge so, wie wir sind“ (Herb Cohen). Entwickle die Einstellung eines Jägers, für den überall, wo er hingeht, Ideen darauf warten, um entdeckt zu werden. Wenn du dich richtig positionierst, ergeben sich die Gelegenheiten wie von selbst.

Laß los, was dich zurückhält

Du kannst eine Gelegenheit verpassen, wenn du auf „Sendung" bist, während du eigentlich „auf Empfang" eingestellt sein solltest. Wenn eine Gelegenheit an die Tür klopft, mißbilligen manche Leute diese Störung. „Eine der großartigsten und ermutigendsten Wahrheiten ist, daß, wenn sich eine Tür öffnet, eine andere sich schließt. Doch leider schauen wir oftmals so lange mit Bedauern auf die geschlossene Tür, daß wir die Tür, die sich vor uns geöffnet hat, gar nicht sehen" (Unbekannt).

Sieh dort Erfolg, wo andere nur Mißerfolg sehen. Erwarte, daß etwas Gutes geschehen wird! Eine solche Erwartungshaltung wird deine Träume beleben und ihnen Schwungkraft verleihen. Du wirst häufig feststellen, daß das Leben auf deine Anschauungsweise reagiert. Wir gehen dorthin, wo uns unsere Vision hinführt. Das Leben ist im großen und ganzen das, was wir von ihm erwarten.

Es wird dir zum Vorteil gereichen, wenn du Dinge tust, bevor sie getan werden müssen – so begibst du dich schon vorzeitig in die richtige Position. Du wirst mehr Erfolg haben, wenn du der Masse stets einen Schritt voraus bist. Ich glaube, einer der größten Pluspunkte des Bibellesens ist, daß wir dadurch lernen können, wie wir auf die Herausforderungen und Möglichkeiten des Lebens im voraus reagieren können. Grabe einen Brunnen, bevor du Durst hast, und pflanze ein Samenkorn, bevor du Hunger hast.

Das Problem, das die meisten Menschen mit der Zukunft haben, ist, daß sie eintrifft, bevor sie darauf vorbereitet sind. Wenn du dich darauf eingestellt hast zu empfangen, wirst du bereit sein. Die wichtigste Frage ist: Bist du bereit?

Kostbare Wahrheit Nr. 10

WENN DU DICH HERAUSREDEST, KLAGST DU DICH SELBST AN.

„99 Prozent aller Mißerfolge sind auf Menschen zurückzuführen, die die Angewohnheit haben, Ausreden zu finden" (George Washington Carver). Du bist erst dann ein Versager, wenn du anfängst, die Schuld auf jemand anderen zu schieben. Hör auf, andere zu beschuldigen. Du wirst feststellen, daß du, wenn du ein Meister im Finden von Ausreden geworden bist, zu nichts anderem mehr taugst. Ausreden sind die Werkzeuge, die ein Mensch benutzt, um große Luftschlösser zu bauen, der weder ein Ziel noch eine Vision hat.

Viele Menschen würden etwas aus ihren Fehlern lernen, wenn sie nicht so sehr damit beschäftigt wären, Ausreden dafür zu finden und sich zu verteidigen. „Es scheint mir in unseren Tagen so zu sein, daß die Menschen, die ihre Fehler zugeben, viel weiter kommen, als diejenigen, die beweisen, daß sie Recht haben" (Deryl Pfizer). So wie Gift ein Nahrungsmittel verseucht, verseuchen Ausreden ein produktives Leben. „Wo man arbeitet, da ist Gewinn; wo man aber nur mit Worten umgeht, da ist Mangel" (Spr. 14, 23; Luther). „Manche Menschen haben tausend Gründe dafür, warum sie das nicht tun können, was sie tun möchten. Dabei wäre alles, was sie brauchen, ein einziger Grund, warum sie es tun könnten" (Willis Whitney). Finde einen Grund, warum du es schaffen kannst!

Eine der häufigsten Ausreden ist das Bedauern. Laß nichts, was du bereust, auf dem Spielfeld zurück – gib dein Bestes im Spiel des Lebens. „Das Wertvollste, was ich im Leben gelernt habe, ist, nichts zu bereuen" (Somerset Maugham). Verbanne alles, was du bereust. Ich glaube, die meisten Menschen führen ein Leben, das sie im stillen bedauern. „Zu bedauern ist eine entsetzliche Energieverschwendung; man kann nicht darauf aufbauen, sondern sich lediglich darin suhlen" (Catherine Mansfield). Tatsache ist, daß, auch wenn man etwas tausendmal bereut, trotzdem die Schuld nicht getilgt wird. Führe ein solches Leben, daß man eines Tages auf deinem Grabstein schreiben kann: „Ich bereue nichts."

Wenn ein Sieger etwas falsch macht, sagt er: „Ich habe einen Fehler gemacht." Wenn ein Verlierer einen Fehler macht, sagt er: „Es war nicht meine Schuld." Gibst du es zu und sagst: „Es war mein Fehler" oder sagst du: „Es war nicht meine Schuld"? Ein Sieger erklärt, ein Versager findet eine Erklärung.

Untätigen Leuten mangelt es nicht an Ausreden. Die Entschuldigung: „Ich kann nicht" bedeutet in Wirklichkeit, daß du es nicht versuchen willst. Die Ausrede „Ich kann nicht" ist die schlimmste Formulierung, die jemals geschrieben oder gesagt worden ist; sie hat mehr Schaden angerichtet als Verleumdung oder Lügen. „Ich kann nicht" ist die übelste Ausrede und der größte Feind des Erfolges.

Es gibt viele Gründe, warum wir versagen, doch es gibt nicht eine einzige Ausrede dafür. „Ausreden ersetzen immer den Fortschritt" (Ralph Waldo Emerson). „Tut alles ohne Murren und ohne Zweifel, auf daß ihr seid ohne Tadel und lauter, Gottes Kinder, unsträflich ..." (Phil. 2, 14-15; Luther). Entschuldigungen und Ausreden sollten eingeäschert, nicht einbalsamiert werden. Mit Ausreden kann man bei Gott nichts erreichen. Wer sich herausredet, klagt sich immer selbst an, denn ein vertuschter Fehler wiegt doppelt schwer.

„Die besten Jahre deines Lebens sind die, in denen du dich entscheidest, daß deine Probleme dein Problem sind. Du schiebst die Schuld nicht mehr auf deine Mutter, die Umwelt oder den Bundeskanzler. Du erkennst, daß du über dein eigenes Schicksal bestimmst" (Albert Ellis). Wir sollten ein Leben führen wie Florence Nightingale, die sagte: „Ich schreibe meinen Erfolg folgender Tatsache zu: Ich habe niemals eine Ausrede gebraucht oder angenommen."

Kostbare Wahrheit Nr. 11

Nimm den Mund zu voll.

Tu' nichts, was keinen Glauben erfordert! Der Schlüssel, um in Schwung zu bleiben, ist, immer etwas vor Augen zu haben, wofür du deinen Glauben einsetzen mußt. Wir leben entweder aus Glauben, oder wir leben überhaupt nicht. Entweder wir riskieren etwas, oder wir vegetieren dahin. Was wir brauchen, sind mehr Leute, die sich auf das Unmögliche spezialisieren. Was wir dieses Jahr geschafft haben, schien letzes Jahr noch unmöglich. „Glaube bedeutet nicht, entgegen aller Beweise von etwas überzeugt zu sein. Glaube ist, sich an etwas heranzuwagen, ungeachtet der Konsequenzen" (Sherwood Eddy).

Philipps Brooks Vorschlag, wie man beten soll, lautet folgendermaßen: „Bitte nicht um ein einfaches Leben. Bete darum, ein stärkerer Mensch zu sein. Bitte nicht um Aufgaben, zu denen deine Kraft ausreicht. Bitte um die nötige Kraft, die du für die dir gestellten Aufgaben brauchst." Jesus hat über dich und mich gesagt: „... Ich bin gekommen, damit sie Leben haben und es in Überfluß haben" (Joh. 10, 10). Fürchte dich niemals davor, das zu tun, was Gott dir aufträgt. „Ziele auf den Mond, denn selbst wenn du ihn nicht triffst, landest du zwischen den Sternen" (Les Brown). Du und ich sind wie Gummibänder. Wir sind dann am nützlichsten, wenn wir gedehnt werden.

Du kannst nur so viel erreichen, wie du bereit bist zu versuchen. Der Grund, warum so wenig erreicht wird, ist meistens, weil so wenig Versuche gestartet werden. Sag niemals nie! Du mußt groß denken, um groß zu sein. „Der Grund, warum wir nichts wagen, ist nicht, daß die Dinge zu schwierig wären. Die Dinge sind so schwierig, weil wir uns nicht dranwagen" (Seneca). Die Definition von *unmöglich* lautet „etwas, das niemand tun kann, bis es jemand tut". Tatsache ist, daß es Spaß macht, etwas Unmögliches zu tun. Wenn wir immer abgesichert sein wollen, produzieren wir die meisten Unsicherheiten. Deshalb betrachte die Dinge ... wie sie sein könnten!

Laß los, was dich zurückhält

Du zapfst die göttlichen Quellen nicht an, bis du etwas Unmögliches in Angriff nimmst. Risiko gehört mit zu Gottes Plan! „Alles vermag ich durch ihn, der mir Kraft gibt" (Phil. 4, 13; Einheitsübersetzung). „Der durchschnittlich Denkende weist in der Regel alles von sich, was sein Verständnis übersteigt" (Rochfoucauld). Selbst ein Feigling kann Christus preisen, doch nur ein mutiger Mensch wird Ihm nachfolgen. Calvin Coolidge hat gesagt: „Wir brauchen nicht noch mehr intellektuelle Kraft, wir brauchen mehr geistliche Kraft. Wir brauchen nicht noch mehr Dinge, die man sehen kann, wir brauchen mehr von den Dingen, die man nicht sehen kann."

Jeglicher Fortschritt beinhaltet Risiko. Du kannst beim Baseball-Spielen nicht versuchen, zum nächsten Punkt zu laufen und dabei einen Fuß auf der letzten Marke lassen. Wer nicht wagt, der nicht gewinnt. Wenn du nicht in den Bienenkorb eindringst, kannst du keinen Honig holen.

Halte nach Möglichkeiten Ausschau, wie du deinen Risikomuskel trainieren kannst. Jeder hat einen solchen Muskel, und du hältst ihn in Form, indem du neue Dinge versuchst und ausprobierst. „Menschen, die risikobereit sind, sind diejenigen, gegen die du verlieren wirst" (John Scully). „Die tatsächlichen Versager sind diejenigen, die ihren Standard so niedrig ansetzen, indem sie die Sprunglatte so niedrig halten, daß sie niemals Gefahr laufen, einen Fehlschlag zu riskieren" (Robert Schuller).

Ein großes Schiff verlangt immer nach tiefen Gewässern. Wenn du nichts wagst, solltest du auch nichts erwarten. Gott möchte, daß wir den Mund zu voll nehmen, damit wir aus Glauben leben und nicht gemäß dem, was wir sehen.

Kostbare Wahrheit Nr. 12

Fragen

Sowohl Begeisterung als auch Pessimismus sind ansteckend. Wieviel von jedem verbreitest du?

Wenn jemand dir zehn Mark für jedes freundliche Wort, das du gesprochen hast, bezahlen und fünf Mark für jedes unfreundliche Wort von dir kassieren würde, wärst du dann reich oder arm?

„Welcher Entwicklung stehst du im Wege?" (Tim Redmond).

Bist du ein Produkt der Umstände oder ein Schöpfer von Möglichkeiten?

Bist du bereit, wenn deine Gelegenheit kommt?

Fühlen sich andere größer oder kleiner in deiner Gegenwart?

Verbringst du dein Leben damit, Fragen zu beantworten, die niemand gestellt hat?

Was wirst du dir in zehn Jahren wünschen, das du heute getan hättest?

Du hast Gottes Verheißung für etwas; reicht das nicht aus?

Warum sich sorgen, wenn du beten kannst?

Wie alt ist deine Einstellung?

Bist du bereit?

Übernimmst du die Zweifel, die andere haben?

Bist du bereit, der Wahrheit zu folgen, ganz gleich wohin sie führt?

Teilst du deine Verletzungen mit, oder speicherst du sie in deinem Gedächtnis?

Laß los, was dich zurückhält

Was hat es dich gekostet, dir über Dinge Sorgen zu machen, die nie passiert sind?

Gehst du *durch* Schwierigkeiten hindurch, oder versuchst du, sie zu *um*gehen, und bewältigst sie deshalb nie?

Sagst du: „Es muß einen besseren Weg geben, um das zu tun“, oder sagst du: „Das ist schon immer so gemacht worden“?

Planst du bewußt, weniger zu sein, als du sein könntest?

Wenn nicht du, wer dann? Wenn nicht jetzt, wann dann? (Hillell)

Bist du bereit, das aufzugeben, was du hast, um das zu werden, was du sein kannst?

Was glaubst du in deinem tiefsten Innern?

Wie kommst du von hier an den Ort, an dem du sein möchtest, wo immer das auch sein mag?

Was ist der erste kleine Schritt, den du gehen mußt, um dich in Bewegung zu setzen?

Beschäftigst du dich gedanklich mit Möglichkeiten oder mit Sicherheitsvorkehrungen?

„Wenn du keinen Traum hast, wie wirst du dann dafür sorgen, daß ein Traum wahr wird?“ (Oscar Hammerstein).

Wenn du den Horizont betrachtest, siehst du dann eine Möglichkeit, oder schaust du in die Ferne und befürchtest Schwierigkeiten?

Verschiebst du die Dinge auf morgen, die du gestern schon auf heute verschoben hast?

Bestimmen deine Mißerfolge dein Denken?

Streckst du dich nach mehr aus, als du fassen kannst?

„Verbringst du die ersten sechs Tage der Woche damit, Unkraut zu säen, und gehst dann am Sonntag in den Gottesdienst und betest für eine schlechte Ernte?“ (Fred Allen).

Gehst du wohin oder bist du nur unterwegs?

Bist du stets bereit fürs Leben, lebst aber nie wirklich?

Entdeckst du in jeder Möglichkeit Schwierigkeiten, oder siehst du in jeder Schwierigkeit eine Möglichkeit?

Wie viele Menschen, die große Fähigkeiten haben, kennst du? Was ist aus ihnen geworden?

Findest du dich mit Fehlschlägen ab?

Kostbare Wahrheit Nr. 13

VERÄNDERE DICH STÄNDIG.

Wenn du aufhörst, dich zu verändern, dann bist du am Ende. Die meisten Menschen versagen im Leben, weil sie nicht bereit sind, Veränderungen vorzunehmen. Tatsache ist jedoch, daß Korrektur und Veränderung immer positive Ergebnisse hervorbringen.

Man kann Menschen in drei Gruppen aufteilen: 1.) Es gibt diejenigen, die sich nicht ändern lassen; 2.) solche, die sich ändern lassen; und 3.) schließlich noch diejenigen, die Veränderung bewirken. „Eine Veränderung trifft einen Menschen, der in seiner Routine festgefahren ist, immer am härtesten, weil er sein Leben auf das reduziert hat, womit er bequem umgehen kann, und weil er sich über Veränderungen oder Herausforderungen, die ihn weiterbringen könnten, nicht freut", hat C. Neil Strait geschrieben. Wenn du dich selbst in einer Grube wiederfindest, dann hör auf zu graben. Wenn die Dinge verkehrt laufen, dann lauf nicht mit! Starrsinn und die mangelnde Bereitschaft, Veränderung anzunehmen, sind die Kraftquelle der Narren.

„Wer keine neuen Lösungsmethoden ausprobiert, muß mit neuen Übeln rechnen", stellte Francis Bacon fest. „Ich will dich unterweisen und dich lehren den Weg, den du gehen sollst; ich will dir raten, meine Augen über dir offenhalten" (Ps. 32, 8). Gott schließt niemals eine Tür, ohne nicht gleichzeitig eine neue zu öffnen. Doch wir müssen bereit für Veränderung sein, um durch diese neue Tür gehen zu können.

Im Gebet lernen wir, uns zu verändern. Keine Erfahrung wird uns mehr verändern als das Beten. Du kannst nicht beten und so bleiben, wie du bist.

Auf Nummer Sicher zu gehen ist vermutlich die unsicherste Sache der Welt. Du darfst nicht stehenbleiben. Du mußt vorangehen und für die Veränderungen offen sein, die Gott für dich vorgesehen hat. Die unglücklichsten Menschen sind diejenigen, die sich vor Veränderungen fürchten.

Wie sagt man so schön: Wo gehobelt wird, da fallen Späne. Errungenschaften führen zwangsläufig zu Veränderungen. Eine Veränderung bahnt der nächsten den Weg, gibt uns die Möglichkeit zu wachsen. Du mußt dich verändern, um mit Veränderung umgehen zu können.

Du mußt offen für Veränderung bleiben, denn jedesmal, wenn du denkst, du hättest die Schule des Lebens abgeschlossen, denkt sich jemand neuen Unterrichtsstoff aus. Triff die Willensentscheidung, daß du bereit sein wirst, Veränderungen zu erleben! Wenn du herausfinden kannst, wann du deinen Standpunkt behaupten und wann du flexibel sein mußt, dann hast du es geschafft. Andauernd Veränderungen ausgesetzt zu sein, kann uns nervös machen, doch wir würden in Panik geraten, wenn die Veränderungen aufhören würden.

Glücklich der Mann, der sich den Umständen entsprechend anpassen kann, ohne dabei seine Überzeugungen aufzugeben. Begrüße jede Veränderung, aber halte trotzdem an deinen Werten fest. Die meisten Menschen versagen deshalb, weil sie nicht genug Ausdauer haben, neue Ideen und Plänen zu entwickeln, um damit diejenigen, die nicht funktionierten haben, zu ersetzen. Dein Wachstum hängt von deiner Bereitwilligkeit ab, Veränderungen anzunehmen.

Kostbare Wahrheit Nr. 14

Es ist die Begeisterung, die überzeugt.

Der Ausgangspunkt für jede Errungenschaft ist Verlangen. Schärfe dir folgendes ein: So wie ein kleines Feuer nur wenig Wärme erzeugt, bringt ein geringes Verlangen nur geringe Resultate hervor. Lebe dein Leben mit Leidenschaft. Laß deine Leidenschaft dein Leben bestimmen. Du kannst sicher sein: Je mehr Energie du in eine Aufgabe investierst, desto mehr wirst du für die nächste zur Verfügung haben. „Alles, was deine Hand zu tun findet, das tue in deiner Kraft!" (Pred. 9, 10).

Verlangen entspricht dem Aussäen deiner Saat. Manchmal scheint es so, als ob großes Verlangen sich nicht nur Gelegenheiten verschafft, sondern auch noch die dafür notwendigen Fähigkeiten hervorbringt. „Große Leidenschaft wird jedes Projekt zum Erfolg führen, denn das Verlangen, zum Ziel zu gelangen, wird die entsprechenden Mittel und Wege aufzeigen (William Hazlitt).

Das Problem vieler gebildeter Menschen ist, daß das, was sie gelernt haben, ihnen zu Kopf gestiegen, aber nicht in ihr Herz gelangt ist. Das Herz ist so etwas wie ein Prophet. Es ist kein Verräter. Nur mit dem Herzen kann man richtig sehen. Das Wesentliche ist für das natürliche Auge nicht sichtbar. Ergreift der Weg, den du gehst, dein Herz? Gott hat dich in diese Welt gestellt, damit du etwas tun kannst, in das du dein ganzes Herz hineinlegen kannst.

Wenn man eines Tages dein Leben betrachtet, wird man sich nur an deine leidenschaftliche Begeisterung erinnern. Finde etwas, das ein verzehrendes Verlangen in dir weckt. Glaube ist nicht nur ein Konzept, das jemand verfolgt; er ist eine Idee, die von einem Menschen Besitz ergriffen hat. „Was ihr auch tut, arbeitet von Herzen als dem

Herrn und nicht den Menschen ..." (Kol. 3, 23). Lerne, dich in deiner Begeisterung wohlzufühlen.

Jedesmal, wenn von Eifer und Begeisterung die Rede ist, bringt jemand *Ausgewogenheit* zur Sprache. Ausgewogenheit ist eine beachtliche Tugend, doch ihr nahestehend sind Apathie und Schwäche. In Wirklichkeit wird Ausgewogenheit oftmals als Ausrede dafür verwendet, daß man lauwarm, gleichgültig oder unentschlossen ist. Gleichgültigkeit, Lauheit und Unentschlossenheit stehen immer in Verbindung mit Mißerfolg und Versagen.

Begeisterung kann an einem einzigen Tag das erreichen, wozu die Vernunft Jahrhunderte benötigt. „Mehr als alles andere behüte dein Herz; denn von ihm geht das Leben aus" (Spr. 4, 23; Schlachter). William James hat gesagt: „Die größte Entdeckung dieses Jahrhunderts ist wahrscheinlich die Erkenntnis, daß du dein Leben verändern kannst, wenn du deine Einstellung änderst."

Es ist die Begeisterung, die überzeugt. „Glauben bedeutet zu sehen. Darin steckt weitaus mehr als hinter der alten Redewendung ‚Ich glaube nur, was ich sehe'" (Terrence Deal). Liebe das, was du tust, und du wirst bessere und größere Dinge tun!

Kostbare Wahrheit Nr. 15

WENN DU NICHT HANDELST, DANN GLAUBST DU NICHT WIRKLICH.

Menschen beurteilen dich nach deinen Taten, nicht nach deinen Absichten. „Du hast vielleicht ein Herz aus Gold, aber das hat ein hartgekochtes Ei auch" (*Good Reading*). Tausend Worte werden keinen so nachhaltigen Eindruck hinterlassen wie eine einzige Tat. Taten sind die natürliche Folge einer klaren Richtung. Laß auf deine guten Vorsätze immer die entsprechende Handlung folgen. Wenn du nicht handelst, glaubst du nicht wirklich. „Wenn ihr dies *wißt*, glückselig seid ihr, wenn ihr es *tut*" (Joh. 13, 17; kursiv hinzugefügt).

Gebet sollte niemals als Ausrede dafür dienen, daß man untätig ist. Ich glaube, daß der Herr manchmal so zu uns redet wie zu Mose, als Er sagte: „Was schreist du zu mir? Befiehl den Söhnen Israel, daß sie aufbrechen!" (2. Mose 14, 15). Die meisten Gebete werden nur dann beantwortet, wenn du dementsprechend handelst.

Manche Leute sind ihr ganzes Leben lang auf der Suche nach dem, was richtig ist, doch sie finden anscheinend niemals die Zeit, es in die Tat umzusetzen. „Wer nun weiß, Gutes zu tun, und tut es nicht, dem ist es Sünde" (Jak. 4, 17). Deine Lebensgeschichte wird nicht mit einem Stift geschrieben, sondern durch deine Taten. Nichts zu *tun* bedeutet, daß nichts aus dir *wird*.

„Es gibt keine Untätigkeit, die nicht tausend Schwierigkeiten verursacht" (Walisisches Sprichwort). Des Teufels meistgebrauchtes Werkzeug ist nicht ein fleißiger Sünder, sondern ein untätiger Christ. „Der Teufel versucht Menschen, aber untätige Menschen führen den Teufel in Versuchung" (Englisches Sprichwort). Sorge dafür, daß du mit allem Eifer das Richtige tust, damit der Teufel dich immer beschäftigt antrifft.

Laß los, was dich zurückhält

Taten besiegen die Angst. Wenn wir unsere Ängste herausfordern, bezwingen wir sie. Unsere Probleme verlieren ihre Macht über uns, wenn wir uns im Kampf gegen sie stellen. Wenn wir es wagen, die Dinge, die uns Angst einjagen, zu konfrontieren, stoßen wir die Tür auf, die uns in die Freiheit führt.

Antriebskraft entsteht nicht von selbst. „Allgemein gilt der Leitspruch, daß Motivation zum Handeln anregt, doch das Gegenteil ist richtig – Handlung geht der Motivation voraus“ (Robert McKain). „Warte nicht darauf, bis du dich motiviert fühlst. Pack den Stier bei den Hörnern, bis du ihn soweit hast, daß er um Gnade fleht“ (Michael Cadena).

Faulheit ist eine Last. Nichts ist anstrengender, als nach einfachen Wegen zu suchen, wie man seinen Lebensunterhalt verdienen kann. Faulheit breitet sich immer weiter aus, doch sie endet schon bald in der Armut. Wir sind am schwächsten, wenn wir versuchen, etwas umsonst zu bekommen. „Wer seinen Acker bebaut, hat reichlich Brot; wer aber unnützen Sachen nachläuft, der hat reichlich Not.“ (Spr. 28, 19; Schlachter).

Einen Mann, der zwar viele Worte macht, aber nichts tut, kann man mit einem Blumenbeet vergleichen, auf dem nur Unkraut wächst. Laß kein Unkraut zwischen deinen Träumen wachsen. Wenn du nur davon träumst, wie du gerne sein würdest, vergeudest du das, was du wirklich bist. Manche Menschen träumen von großartigen Leistungen, während andere wach bleiben und sie vollbringen. Henry Ford hat einmal folgende Bemerkung gemacht: „Du kannst dir keinen guten Ruf durch die Dinge erwerben, die du tun wirst.“ „Hüte dich vor dem Nichtstun. Es ist wie Rost, der sich selbst an den besten Metallen festsetzt“ (Voltaire).

Am besten wäre es, wenn wir die Eigenschaften einer Kreuzung zwischen Brieftaube und Specht hätten: Dieser Vogel würde nicht nur die Nachrichten überbringen, sondern er würde auch an die Tür klopfen.

Kostbare Wahrheit Nr. 16

DU WIRST NICHTS FINDEN, WENN DU NICHT WEISST, WONACH DU SUCHST.

Um dich herum wimmelt es von Gelegenheiten. Worauf es ankommt, ist, was du anvisierst. Stell dir jeden Tag die Frage: „Auf was sollte ich mich konzentrieren?" Worauf du deine Aufmerksamkeit richtest, wirst du mit Stärke und Antriebskraft angehen.

Antriebskraft besitzt folgende Merkmale: 1.) Sie ist entschlossen; 2.) sie verfolgt unbeirrbar ihre Ziele; 3.) sie bedeutet grenzenlose Begeisterung; 4.) sie verlangt gebündelte Energie und die tiefe Überzeugung, berufen zu sein; und vor allem besitzt sie 5.) eine grenzenlose Vision und verpflichtet sich dazu, in allem das Beste zu geben.

Konzentration ist der Schlüssel, der die Tür für besondere Leistungen öffnet. „Die erste Regel, um erfolgreich zu sein, lautet *Konzentration,* das heißt die ganze Energie auf einen Punkt zu bündeln und dorthin zu gehen, ohne dabei nach links oder rechts zu schauen" (William Mathews). Die erfolgreichsten Menschen waren schon immer diejenigen, die sich so lange auf eine Sache konzentrierten, bis sie sie zu Ende geführt hatten. Sie hatten eine bestimmte Idee, ein festes Ziel, eine einzige und genau definierte Absicht.

Wie weit doch die Träume mancher Leute und das, was sie tatsächlich erreichen, voneinander entfernt sind! Das liegt an ihrem Mangel an Hingabe, alle Facetten ihrer Fähigkeiten zusammenzubringen und sie auf ein bestimmtes Ziel hin auszurichten.

Es gibt zwei Wege, die dich schnell ins Unglück führen: von niemandem einen Rat anzunehmen und jedermanns Rat zu befolgen.

Laß los, was dich zurückhält

Lerne zum Guten nein zu sagen, damit du ja zum Besten sagen kannst. A. P. Goethe sagt, es gäbe drei Strategien, die zum Erfolg führen: „1.) einen großen Mülleimer – du mußt wissen, was du entsorgen mußt; 2.) du mußt wissen, was du behalten mußt; 3.) du mußt wissen, wann du nein sagen mußt; denn wenn wir die Kraft entwickelt haben, nein zu sagen, sind wir in der Lage, ja zu sagen."

Wir erreichen Dinge, indem wir unser Verlangen in eine bestimmte Richtung lenken, nicht indem wir es mißachten. Was für eine immense Macht du über dein Leben haben wirst, wenn du feste Ziele hast! Deine Worte, der Klang deiner Stimme, deine Kleidung, deine innersten Gefühle ändern und verbessern sich, wenn du anfängst, für ein bestimmtes Ziel zu leben.

Sei kein Mensch, der sich seiner Zukunft ungewiß und dessen Gegenwart verschwommen ist. Bleib auf der richtigen Spur, ohne in einen Trott zu geraten! Mache etwas zu deinem Fachgebiet. Selbst Gott, der ja Gott ist, kann es nicht jedem recht machen, deshalb versuch du es erst gar nicht. Du wirst nichts finden, wenn du nicht weißt, wonach du suchst! Wenn du beim Rennen über die Ziellinie kommen willst, mußt du in der Bahn bleiben.

Ich bin erstaunt darüber, wie ziellos die meisten Menschen leben und wie leichtfertig sie die Entscheidung, in welche Richtung ihr Leben gehen soll, anderen überlassen. „Lerne, dich festzulegen; gib dich nur mit einer spezifischen Sache und einer bestimmten Aufgabe zufrieden; wage es, der Mensch zu sein, der du in Wirklichkeit bist; und lerne all das, was du nicht bist, bereitwillig zu akzeptieren" (Unbekannt).

Kostbare Wahrheit Nr. 17

Ungeduld führt zu „Mit-dem-Kopf-durch-die-Wand-Schmerzen".

„Zeit verändert Dinge wirklich", meinte ein Flugpassagier zu seinem Nachbarn. „Als kleiner Junge saß ich oft in einem Ruderboot dort unten auf dem See und angelte. Jedesmal, wenn ein Flugzeug über uns hinwegflog, schaute ich hinauf und wunschte mir, ich wurde darin sitzen. Heute schaue ich hinunter und wünschte mir, ich könnte angeln." Zeit verändert tatsächlich Dinge.

Worauf es ankommt, ist, zur richtigen Zeit am richtigen Ort zu sein. Wie wichtig ist der richtige Zeitpunkt? Theodore Roosevelt hat gesagt: „90 Prozent aller Weisheit hängen vom richtigen Zeitpunkt ab."

Die Tatsache, daß du dieses Buch liest, beweist, daß du wachsen möchtest – um etwas zu erreichen. Wie die meisten von uns möchtest du so schnell wie möglich an dein Ziel gelangen. Doch bedenke dabei, daß zu schnell ebenso verkehrt ist wie zu langsam. Es ist selten der Fall, daß eine Situation so dringlich ist, wie sie erscheint. Eile verzögert die Verwirklichung jedes Traums und bereitet den Boden für Mißerfolg. „Je mehr man sich beeilt, desto langsamer kommt man voran" (John Heywood).

Es ist wichtiger zu wissen, wohin du gehst, als zuzusehen, wie schnell du dorthin kommen kannst. „Ungeduldige Menschen kommen immer zu spät an" (Jean Dutourd). Wir schaden uns selbst, wenn wir ungeduldig sind.

Eine der häufigsten Ursachen, warum fähige Menschen versagen, ist, daß sie nicht die Geduld aufbringen können, um die Resultate abzuwarten. „Die Eile eines Narren ist die langsamste Sache der Welt" (Thomas Shadwell). Wer es eilig hat, zeigt damit, daß die Sache, die er tut, zu groß für ihn ist. Ungeduld führt zu „Mit-dem-Kopf-durch-die-Wand-Schmerzen".

„Es gibt eine Zeit, in der man den Dingen ihren Lauf lassen muß, und es gibt eine Zeit, in der man den Lauf der Dinge in die Hand nehmen muß" (Hugh Prather). Das ist in Prediger 3, 1 gemeint, wo es heißt: „Für alles gibt es eine bestimmte Stunde. Und für jedes Vorhaben unter dem Himmel gibt es eine Zeit." Das Leben verläuft in Zeitabschnitten; das heißt, daß wir bestimmte Dinge zu bestimmten Zeiten tun sollen. Tu' das Richtige zur richtigen Zeit. Ein chinesisches Sprichwort lautet: „Verlaß nie deinen Acker im Frühling oder dein Haus im Winter." Gott würde niemals einen Winter ins Land schicken, ohne darauf die Freude des Frühlings, das Wachstum des Sommers und die Ernte des Herbstes folgen zu lassen.

Bring alles gut zu Ende, und beanspruche niemals vorzeitig den Sieg! Eile – das Verlangen, Dinge zu erreichen, bevor die Zeit dafür gekommen ist – ist das tödlichste Gift für jeden Traum.

Kostbare Wahrheit Nr. 18

IMPULSGEBER

1. Entscheidung
2. Verpflichtung
3. Träume
4. Glaube
5. Gebet
6. Taten
7. Zielausrichtung
8. Kleine Schritte
9. Zuhören
10. Kreativität
11. Auf sich selbst gestellt zu sein
12. Weisheit
13. Eifer
14. Bestimmung
15. Sich in Position begeben
16. Begabungen
17. Das Wort
18. Die richtigen Freunde
19. Veränderung
20. Vergebung
21. Ein reines Herz

22. Ein aufrichtiger Geist
23. Vortrefflichkeit
24. Dankbarkeit
25. Liebe
26. Ausdauer
27. Geben
28. Prioritäten
29. Risiko
30. Vision
31. Barmherzigkeit
32. Gehorsam
33. Bereitwilligkeit zu dienen
34. Hingabe
35. Freude
36. Ehrlichkeit
37. Charakter

Kostbare Wahrheit Nr. 19

Steh dir nicht selbst im Weg.

Hier ist die erste Regel für die, die gewinnen wollen: Versuche nicht dich selbst zu besiegen. Dein größter Feind bist du selbst. Wenn du dir selbst im Weg stehst, bist du wie ein alter Gefrierschrank: Er bildet nach und nach eine Eisschicht, die – wenn er nicht abgetaut wird – seine Leistungsfähigkeit beträchtlich reduziert.

„Ich habe noch nie einen Menschen getroffen, der mir so viele Schwierigkeiten bereitet hat wie ich mir selbst" (Dwight L. Moody). Der erste und beste Sieg ist, sich selbst zu überwinden. Alle entscheidenden Kämpfe werden in dir selbst ausgetragen.

Oftmals ist eine Veränderung der eigenen Person weitaus notwendiger als eine Veränderung der Umstände. Hier ein guter Ratschlag: „Nur du kannst dich aufhalten; nur du kannst dir im Weg stehen ... nur du kannst dir helfen. Es gibt niemanden, der dich stoppen kann – außer du selbst.

Du stehst dir immer dann selbst im Weg, wenn du vage Hoffnungen, aber klar definierte Ängste hast. Widersprich deinen inneren Bedenken. „Wenn du dein größtes Hindernis beseitigen willst, mußt du erkennen, daß du selbst dein Hindernis bist – und daß die richtige Zeit zum Handeln jetzt ist" (Nido Cubein).

Du mußt anfangen deine Gedanken über dich selbst zu ändern, indem du dich selbst die Persönlichkeit werden siehst, die du sein willst. „Gib der Person, die du gerne sein würdest, eine Beschreibung des Menschen, der du bist" (Edgar Guest). Ändere, was du über dich selbst sagst. „Niemand weiß wirklich genug, um ein Pessimist zu sein" (Norman Cousins).

Laß los, was dich zurückhält

Denk daran: „Das Schöne an Problemen ist, daß eine ganze Menge von ihnen nur in deiner Vorstellung existieren" (Steve Allan). Die Angst, die dich quält, steckt meistens in dir, und sonst nirgends.

Es gibt zwei Mächte, die in uns gegeneinander kämpfen. Die eine sagt: „Du kannst es nicht", die andere sagt: „Mit Gott kannst du es". „Es sind nicht die Berge, die wir bezwingen müssen, sondern wir müssen uns selbst überwinden" (Sir Edmond Hillary). Das grundlegende Problem der meisten Leute ist, daß sie nichts unternehmen, um ihr grundlegendes Problem zu lösen, und zwar aufzuhören, sich selbst anzuklagen.

„Steh dir nicht selbst im Weg" (David Blunt).

Schau voraus

Kostbare Wahrheit Nr. 20

WEGE OHNE HINDERNISSE FÜHREN NIRGENDWO HIN.

Um in das verheißene Land zu kommen, mußt du dir einen Weg durch die Wüste bahnen. Dabei werden wir alle auf Hindernisse, Probleme und Herausforderungen stoßen. Wie wir auf sie reagieren und als was wir sie betrachten, ist eine der wichtigsten Entscheidungen, die wir treffen. Lies, was die Bibel darüber sagt: „Seid voll Freude, meine Brüder, wenn ihr in mancherlei Versuchungen geratet. Ihr wißt, daß die Prüfung eures Glaubens Ausdauer bewirkt. Die Ausdauer aber soll zu einem vollendeten Werk führen; denn so werdet ihr vollendet und untadelig sein, es wird euch nichts mehr fehlen" (Jak. 1, 2-4; Einheitsübersetzung).

Ein Mann, der vor zwanzig Herausforderungen steht, ist zweimal so aktiv wie ein Mann, der nur zehn Herausforderungen hat. Wenn du keinerlei Herausforderungen hast, solltest du auf deine Knie gehen und fragen: „Herr, vertraust du mir nicht mehr?" Was macht es schon aus, wenn du Probleme hast! Es ist gut! Warum? Weil die fortwährende Bewältigung deiner Probleme die Meilensteine auf deinem Weg zum Erfolg sind. Sei dankbar für Probleme, denn wenn sie nicht so schwierig zu lösen wären, hätte jemand anderer, der nicht so fähig ist, diese Aufgabe übertragen bekommen.

„Ein erfolgreicher Mensch wird keinen Tag erleben, der nicht ein neues Maß an Problemen mit sich bringt. Aber das Kennzeichen des Erfolges ist, sie alle nachhaltig zu lösen" (Lauris Norstad). James Bilkey stellte fest: „Du wirst nie der Mensch sein, der du sein kannst, wenn alle Drucksituationen, Spannungen und Disziplinierung aus deinem Leben entfernt werden würden." Laß dich nicht durch vorübergehende Rückschläge entmutigen. Mach dir keine Sorgen, wenn du auf ein paar harte Schlaglöcher stößt. Zumindest hast du den Weg des Trotts verlassen. Du mußt dich nicht von den Umständen beherrschen lassen.

Laß los, was dich zurückhält

Du kannst einen Menschen immer daran messen, welches Aufgebot an Widerstand es benötigt, um ihn zu entmutigen. Wenn der Wasserspiegel ansteigt, kannst du aufsteigen. Du kannst über ihm stehen, anstatt unterzugehen. Bernie Siegal hat geschrieben: „Hindernisse auf unserem Weg können geistliche platte Reifen sein – Störfaktoren in unserem Leben, die zuerst katastrophal erscheinen, aber langfristig gesehen unser Leben auf entscheidende Weise in eine andere Richtung lenken.

In Wahrheit ist es sogar so, daß ein Weg ohne Hindernisse sehr wahrscheinlich an keinen bedeutenden Ort führt. Des Menschen Verlegenheiten sind Gottes Gelegenheiten. Notzeiten bahnen den Weg für Möglichkeiten. Jesus sagte: „In der Welt habt ihr Drangsal; aber seid guten Mutes, ich habe die Welt überwunden" (Joh. 16, 33).

„Was ist der Unterschied zwischen einem Hindernis und einer Möglichkeit? Unsere Einstellung dazu. Jede Möglichkeit bringt ihre Schwierigkeiten mit sich, und jede Schwierigkeit birgt Möglichkeiten in sich", hat J. Sidlo Baxter gesagt. Lou Holtz machte die Bemerkung: „Zeige mir jemanden, der etwas Bedeutungsvolles getan hat, und ich zeige dir jemanden, der Schwierigkeiten überwunden hat." Viele Leute haben gute Absichten, doch dann geschieht etwas und sie geben einfach auf. Auf jedem Weg gibt es Pfützen, doch diese Pfützen können von Gott sein, der uns zeigen möchte, wohin wir treten sollen.

Denke immer daran, daß die Reise alle Strapazen wert ist, wenn du auf dem richtigen Weg bist. Wenn du die Tatsache akzeptieren würdest, daß das Leben schwierig ist, dann wäre alles viel einfacher für dich. Norman Vincent Peale betonte: „Jedes Problem trägt in sich den Samen für seine eigene Lösung. Wenn du keine Probleme hast, bekommst du auch keinen Samen." Halte Ausschau nach Notsituationen. Sie sind deine große Chance! Führe dein Leben so, daß du einmal sagen kannst: „Ich hatte ein Leben voller Herausforderungen, Gott sei Dank!"

Kostbare Wahrheit Nr. 21

VERSUCHE NICHT, IN DEN SCHUH EINES ANDEREN ZU SCHLÜPFEN.

„Jeder Mensch muß zwei Dinge alleine tun", sagte Martin Luther, „er muß selbst glauben und selbst sterben." Wenn du dich mit anderen vergleichst, wirst du entweder bitter oder eingebildet werden, denn es wird immer bessere und schlechtere Menschen als dich geben. Vergleiche anzustellen ist ein Weg, der mit Sicherheit zu Frustration führt. Doch solche Vergleiche haben keine Beweiskraft. „Du kannst nicht die Steine auf deinen eigenen Feldern sammeln und gleichzeitig die Steine auf dem Bauernhof deines Nachbarn zählen" (Joan Welch). „Das Gras auf der anderen Seite des Zauns mag vielleicht grüner ausschauen, doch dafür gibt es dort wahrscheinlich auch mehr zu mähen" (Lois Cory). Aus weiter Entfernung betrachtet, sehen Hügel klein und grün aus.

Was für eine Zeit- und Energieverschwendung es ist, wenn du deine Ausgangssituation und deine Pläne mit denen anderer Leute vergleichst. Vor kurzem war ich erstaunt, als ich etwas von einem Freund hörte, mit dem ich drei oder vier Jahre lang keinen Kontakt mehr gehabt hatte. Er teilte mir mit, daß er sich im Hinblick auf sein eigenes Leben schlecht fühle, weil ich gewisse Dinge erreicht hatte. Ich konnte nicht umhin, ihn irritiert zu fragen: „Meinst du damit, daß du dich besser fühlen würdest, wenn es mir in den letzten drei, vier Jahren schlecht ergangen wäre?" Natürlich verneinte er diese Frage. Der Erfolg eines anderen verringert nicht deine Chancen, ebenfalls erfolgreich zu sein.

Das Leben macht mehr Spaß, wenn du nicht im Wettstreit mit anderen stehst. Erfolgreich zu sein heißt schlichtweg, daß du das, worin du gut bist, tust und dir dabei keine Gedanken darüber machst, was jemand anderer tun wird. Ob du Erfolg hast oder versagst, liegt bei dir. Äußere Umstände haben darauf keinen Einfluß.

Stell dir folgende Frage, die bereits Earl Nightingale geäußert hat: „Motiviert dich das, was du selbst aus dem Leben herausholen möchtest, oder ist deine Motivation von dem bestimmt, was die breite Masse will?" Achte darauf, daß du dich für das entscheidest, was du wirklich willst, und nicht für das, was jemand anderer für dich möchte. Sagst du: „Ich bin gut, aber nicht so gut, wie ich sein könnte." Oder sagst du: „Ich bin nicht so schlecht wie viele andere Leute?" Je länger du dich so mit der Schwäche eines anderen identifizierst, desto stärker wird dein Denken von Unzufriedenheit erfüllt. Du mußt deine eigene Methode und deinen eigenen Plan entwickeln, oder du wirst der Sklave des Plans eines anderen Menschen werden.

Jeder, der sich so zurechtstutzt, damit er es allen recht macht, wird bald feststellen müssen, daß er selbst an dem Ast sägt, auf dem er sitzt. Das einzige, womit du deine Stellung und deine Pläne vergleichen mußt, ist Gottes Wille für dein Leben.

Auch wenn tausend Menschen eine dumme Sache gutheißen, bleibt es doch eine dumme Sache. Die Führung Gottes hängt niemals von der öffentlichen Meinung ab. Ein weiser Mensch trifft seine eigene Entscheidung; doch dumm ist ein Mensch, der der öffentlichen Meinung folgt. Du mußt nicht denken, du seist auf dem richtigen Weg, nur weil er schon so breitgetreten ist. Das größte Risiko im Leben ist, sich von anderen abhängig zu machen und von ihnen Sicherheit zu erwarten. Versuche nicht, in den Schuh eines anderen zu schlüpfen. Beurteile dich nicht aus der Sicht eines anderen.

Kostbare Wahrheit Nr. 22

Investiere in andere.

Eine der begeisterndsten Entscheidungen, die du treffen kannst, ist, dich zu entschließen, nach Gelegenheiten Ausschau zu halten, wie du in andere investieren kannst. Für mich hat sich diese Tatsache als eine der wirkungsvollsten und motivierendsten Prinzipien erwiesen, die ich in mein Leben integriert habe. Ich kann mich noch daran erinnern, wie ich vor etwa zehn Jahren mit meiner Familie von St. Louis nach Tulsa (Oklahoma) unterwegs war. Ich hörte mir gerade eine Kassette von Zig Ziglar an, auf der er sagte: „Du wirst immer alles haben, was du im Leben möchtest, wenn du genügend anderen Leuten dabei hilfst, das zu bekommen, was sie möchten." Als ich diese Aussage hörte, explodierte in mir förmlich etwas, und ich sagte laut: „Das werde ich tun." Diese Entscheidung, sich nach Möglichkeiten umzusehen, wie man anderen helfen und in sie investieren kann, hat mein Leben verändert.

Es zeugt meiner Meinung nach von wahrer Größe, wenn man bereit ist, die Größe in anderen zu entwickeln. „Es gibt drei Schlüssel zu einem erfüllten Leben: sich um andere zu kümmern, etwas für andere zu wagen und mit anderen zu teilen" (William Ward). Ich habe festgestellt, daß Menschen von wahrer Größe eine einzigartige Einstellung haben. Sie sind nämlich der Ansicht, daß ihre Stärke nicht in sie gelegt wurde, um dort zu bleiben, sondern um durch sie an andere weitergereicht zu werden. „Wir bestreiten unseren Lebensunterhalt mit dem, was wir bekommen, aber bauen unser Leben mit dem, was wir geben" (Norman MacEwan). Mach es dir zu deinem Vorsatz, andere glücklich zu machen, und beschenke dich dadurch selbst.

Menschen haben es so an sich, daß sie das werden, wozu du sie ermutigst. Ralph Waldo Emerson hat festgestellt: „Bring Menschen Vertrauen entgegen, und sie werden dir treu sein; behandle sie großartig, und sie werden ihre wahre Größe entfalten." Mach es dir zur

Lebensaufgabe, Menschen aufzuerbauen, nicht, Menschen niederzumachen. Von Goethe kommt der Ratschlag: „Behandle Menschen so, als ob sie wären, was sie sein sollten, und hilf ihnen, das zu werden, was sie sein könnten."

Was immer wir loben, fördern und stärken wir. Keine Investition zahlt sich so sehr aus, wie all deine Bemühungen, auf deinem Weg durchs Leben Sonnenschein und gute Laune unter deinen Mitmenschen zu verbreiten. „Dem, der mit demütiger Einstellung treue Dienste leistet, wird größere Verantwortung übertragen werden; wie auch der in der Bibel erwähnte Knecht, der das eine Geldstück vervielfältigt hatte, von seinem Meister zum Verwalter über zehn Städte gemacht wurde" (B. C. Forbes).

Es gibt zwei Arten von Menschen auf der Welt: Diejenigen, die einen Raum betreten und sagen: „Hier bin ich!", und diejenigen, die hereinkommen und sagen: „Ah, da bist du!" Woran erkennt man einen guten Menschen? Ein guter Mensch bringt andere dazu, gut zu sein. Entdecke dein Glück darin, daß du anderen dabei hilfst, ihres zu finden.

„Was du für andere möglich machst, wird Gott für dich möglich machen" (Mike Murdock). Die Bibel formuliert dies so: „Ihr wißt doch, daß jeder, der Gutes tut, dies vom Herrn empfangen wird ..." (Eph. 6, 8). Eine gute Tat bringt „Zinsen" ein. Du kannst nicht den Weg eines anderen ausleuchten, ohne daß dabei dein eigener erhellt wird. Fördere die wahre Größe, die in anderen steckt!

„Es gibt keine edlere Beschäftigung auf der Welt, als einen anderen Menschen zu unterstützen – als einem anderen zum Erfolg zu verhelfen" (Allan McGinnis). „Der wahre Sinn des Lebens ist, Bäume zu pflanzen, ohne zu erwarten, daß du eines Tages in ihrem Schatten sitzen wirst" (Nelson Henderson). „Am nützlichsten ist dein Leben dann, wenn du es für etwas einsetzt, was dein Leben überdauern wird. „Wenn du nicht gewinnen kannst, dann sorge dafür, daß der, der vor dir ist, den Rekord bricht" (Jan McKeithen). Investiere in andere! Es zahlt sich aus.

Kostbare Wahrheit Nr. 23

DU LERNST NICHTS, WÄHREND DU REDEST.

Am besten kann man jemanden überzeugen, indem man ihm zuhört. Du wirst feststellen, daß eine Klatschbase mit dir über andere spricht, ein Langweiler redet über sich selbst, während ein brillanter Gesprächspartner mit dir über dich redet und zuhört, wenn du antwortest. Du lernst nichts, während du redest! Tatsächlich ist es sogar so, daß sich Leute an umso weniger erinnern können, je mehr du sagst.

„Wer seinen Mund hält, hält sich Schwierigkeiten vom Hals" (Spr. 21, 23; Die Gute Nachricht). Menschen werden daran gemessen, was sie für sich behalten können. Verpaß keine Gelegenheiten, deinen Mund zu halten, und höre zu, was andere zu sagen haben. Wenn du nichts zu sagen hast, dann sag nichts. Schweigen ist ein Freund, der dich nie verraten wird.

Die größte Kunst, die du erlernen kannst, ist, anderen zuzuhören. „Wer Erfahrungen gemacht hat, spart seine Worte, und wer kühlen Geistes ist, der ist ein weiser Mann. Selbst ein Narr wird für weise gehalten, wenn er schweigt, für verständig, wenn er seine Lippen verschließt" (Spr. 17, 27-28; Schlachter).

Reden ist billig, weil das Angebot die Nachfrage übersteigt. „Während du durchs Leben gehst, wirst du viele Gelegenheiten haben, deinen Mund zu halten. Nutze sie alle" (*West Virginia Gazette*). Es muß einen Grund gehabt haben, daß Gott die menschlichen Ohren so geschaffen hat, daß sie offen bleiben, und den Mund so, daß man ihn schließen kann. Wenn ein Mensch älter und weiser wird, redet er weniger und sagt mehr.

Lerne zuzuhören. Manchmal klopft eine Gelegenheit sehr leise an deine Tür. Du wirst herausfinden, daß Gott für den Menschen spricht, der seinen Mund hält. Es gibt nur eine Regel, um ein guter Gesprächspartner zu sein: Lerne zuzuhören!

Sei ein guter Zuhörer. Wo zuviel geredet wird, schleichen sich immer Mißverständnisse ein. Deine Ohren werden dich niemals in Schwierigkeiten bringen. Eines der wirkungsvollsten Prinzipien, die du in deinem Leben anwenden kannst, ist, daß du anderen zuhörst. „Je mehr einer redet, desto leichter versündigt er sich; wer Verstand hat, hält seine Zunge im Zaum.“ (Spr. 10, 19; Die Gute Nachricht).

Kostbare Wahrheit Nr. 24

SCHLEPPE KEINEN BALLAST MIT DIR HERUM.

In den letzten Jahren, in denen ich das Vorrecht hatte, Hunderte von Menschen zu treffen, ist mir immer wieder aufgefallen, daß so vielen Menschen Ballast mit sich herumschleppen. Beispielsweise lassen sie zu, daß eine kritische Bemerkung eines Lehrers in der dritten Klasse, ein Mißerfolg oder ein Fehler, der schon zehn oder fünfzehn Jahre zurückliegt, oder der Kommentar, den ein negativ eingestellter Nachbar letzte Woche geäußert hat, sie von ihrer Bestimmung abhält. Nur ein törichter Mensch hält an allem fest, was er hört. Nicht jeder hat das Recht, in dein Leben hineinzureden. Nicht jedes Wort muß erwidert werden. Eine der wirkungsvollsten Gesetzmäßigkeiten, die man anwenden kann, um Antriebskraft zu bekommen, ist, daß du deinen Ballast abwirfst.

Ich bin davon überzeugt, daß, wenn wir Gott um Vergebung bitten, eine der größten Segnungen ist, daß der „Ballast" von uns abfällt. Er sagt, daß Er treu und gerecht ist und uns unsere Sünden vergibt, wenn wir sie Ihm bekennen. Doch erstaunlicherweise hört Gott da noch nicht auf (obwohl das allein schon großartig wäre), sondern Er verspricht uns auch, uns von aller Ungerechtigkeit zu reinigen (siehe Petr. 2, 13). Wenn Er uns von aller Ungerechtigkeit reinigt, gibt Er uns das Recht, vor dem Vater zu stehen. Warum? Er möchte nicht, daß wir Ballast mit uns herumschleppen. Wenn wir nun gerechtfertigt vor dem Vater stehen können, sind wir frei von Fehlern und Versagen, falschen Worten und Haltungen in der Vergangenheit, und wir sind befreit, um in der Zukunft etwas zu vollbringen.

Mach dir keine Sorgen, wenn du nicht das bekommst, was du deiner Meinung nach bekommen solltest. Was heute so dringend notwendig erscheint, kann sich morgen schon als gar nicht mehr so wünschenswert erweisen.

Laß los, was dich zurückhält

Paul Harvey hatte recht, als er sagte: „In Zeiten wie diesen ist es hilfreich, sich daran zu erinnern, daß es schon immer Zeiten wie diese gegeben hat.“ Wie anders wäre doch alles, wenn wir unsere Schwierigkeiten ebenso schnell vergessen könnten wie unsere Segnungen.

Eine Weise, wie du mit den Dingen fertig werden kannst, die sich dir als Ballast aufdrängen wollen, ist, deine Gedanken von den Dingen abzulenken, die gegen dich zu sein scheinen. Über diese negativen Dinge nachzudenken, gibt ihnen eine Macht , die sie in Wirklichkeit gar nicht haben. Wenn du über deinen Kummer sprichst, fügst du dir nur noch mehr Kummer zu.

Halte fest an Gottes Vergebung, Plan und Wort, dann wirst du erleben, wie sich hartnäckiger Ballast von dir löst.

Kostbare Wahrheit Nr. 25

Sei der Erste beim Vergeben.

Ein Leben mit Unversöhnlichkeit im Herzen zu führen ist, als ob man mit angezogener Handbremse Auto fährt. Die Geschwindigkeit wird gedrosselt, und du verlierst deine Antriebskraft. Der teuerste Luxus, den du dir leistest, ist, jemandem nicht zu vergeben. Ein tiefsitzender Groll in deinem Herzen zerstört deinen Seelenfrieden, so wie ein tödlicher Krebs ein lebenswichtiges Organ in deinem Körper auffrißt. Es gibt kaum einen tragischeren und schrecklicheren Anblick als einen Menschen, der über Jahre Groll und Haß in sich getragen hat.

Die schwerste Last, die du dir aufladen kannst, ist ein Rucksack voller Groll. Wenn du also weit weg und schnell vorankommen willst, solltest du mit leichtem Gepäck reisen. Pack allen Neid, alle Eifersucht, alle Unversöhnlichkeit, alle Rachegelüste und alle Ängste aus!

Lehne es niemals ab, wenn dich jemand um Vergebung bittet, und nutze selbst jede Gelegenheit, wo du vergeben kannst. Schwache können nicht vergeben, denn es ist ein Charaktermerkmal starker Menschen. Wenn du mit Unversöhnlichkeit im Herzen lebst, wird automatisch Rache folgen. Doch Rachsucht ist trügerisch. Sie erscheint süß, doch in Wirklichkeit ist sie bitter. Es kostet immer mehr, sich für ein Unrecht zu rächen, als es zu ertragen. Du kannst nie siegen, wenn du versuchst immer gleichzuziehen.

Sei der erste beim Vergeben! Vergebung kann dein stärkstes Bedürfnis und deine großartigste Leistung sein. Ohne Vergebung wird dein Leben von einem Teufelskreis des Grolls und der Vergeltung bestimmt sein. Was für eine schreckliche Verschwendung von Kraft! „Wer noch nie einem Feind vergeben hat, ist auch noch nie in einen der höchsten Genüsse des Lebens gekommen", erklärt Johann Lavater.

Laß los, was dich zurückhält

Denen zu vergeben, die dir Unrecht getan haben, ist der Schlüssel zu persönlichem Frieden. Was die Welt braucht, ist dieser Friede, der all unsere Mißverständnisse übersteigt. Vergebung führt dich in die Freiheit und ermöglicht dir zu handeln.

Schneide niemals etwas durch, was man aufknoten kann. Brich keine Brücken hinter dir ab. Du wirst überrascht sein, wie oft du denselben Fluß überqueren mußt. Unversöhnlichkeit bedeutet Leere, aber Vergebung macht eine Zukunft möglich. Du wirst „morgens mit dem richtigen Fuß aufstehen", wenn du dir jeden Tag die Frage stellst: „Wem muß ich vergeben?"

Kostbare Wahrheit Nr. 26

Jeden Tag schwirren unendlich viele erfolgversprechende Ideen um dich herum.

Wenn ich manchmal so durch verschiedene Stadtteile in meinem Wohngebiet fahre, fällt mir immer wieder auf, wie viele verschiedene Firmen und Geschäfte es gibt. Oftmals halte ich dann inne, und es kommt mir der Gedanke: „Das ist der Traum eines Menschen; das ist die einzigartige Idee von jemandem; das ist das Ergebnis eines Erfolgskonzeptes." Ich glaube, daß jeden Tag bedeutsame Gelegenheiten und Ideen um uns herumschwirren. Auch Ralph Waldo Emerson sagte schon: „Gott versteckt Dinge, indem Er sie in unsere Nähe bringt.

Die besten Gelegenheiten und Ideen sind ganz in deiner Nähe verborgen. In der Bibel heißt es: „... die Erde ist voll der Gnade des Herrn" (Ps. 33, 5). Du kannst täglich Tausende von Wundern um dich herum beobachten, oder überhaupt nichts sehen. Deine große Chance kann genau dort sein, wo du dich gerade befindest.

Es gibt keine Grenzen für deine Möglichkeiten. Du hast jeden Augenblick mehr Möglichkeiten, als du nutzen kannst. Leider verbringen zu viele Menschen ihr Leben damit, Probleme zu lösen, ohne zu erkennen, wie viele Möglichkeiten vorhanden sind.

Wo hörst du eine Gelegenheit anklopfen? Und wie kannst du auf dieses Klopfen reagieren? Charles Fillmore hat die Antwort auf diese Frage: „Es gibt immer und überall Gelegenheiten, und das war schon immer so." Earl Nightingale sagte: „Du stehst in diesem Augenblick mitten auf deinem eigenen ‚Diamantenfeld'." Er wies außerdem darauf hin: „Wo immer Gefahr droht, lauern Gelegenheiten; wo immer sich Gelegenheiten bieten, lauert die Gefahr. Die beiden sind unzertrennlich. Sie gehen Hand in Hand."

Ein erfolgreicher Mensch „hat immer einige Projekte geplant, auf die er seinen Blick gerichtet hat. Jedes davon könnte sein Leben über Nacht in eine völlig andere Richtung lenken" (Mark Caine). Gelegenheiten? Sie sind überall um uns herum zu finden. Es gibt überall Möglichkeiten, die ungenutzt herumliegen und darauf warten, daß sie ein aufmerksames Auge entdeckt. Schau dir dieselben Dinge an wie alle anderen, aber sieh sie mit anderen Augen!

Die Sterne leuchten immer, doch wir sehen sie oftmals erst in unseren dunkelsten Stunden. Dasselbe gilt für Gelegenheiten. Was Pogo (amerik. Comicfigur) gesagt hat, ist wahr: „Meine Herren, wir sind von unüberwindlichen Gelegenheiten umgeben."

Kostbare Wahrheit Nr. 27

BREMSKLÖTZE

1. Unentschlossenheit
2. Jammerei
3. Angst
4. Sorge
5. Reue
6. Hindernisse
7. Die Vergangenheit
8. Ausreden
9. Entschuldigungen
10. Tradition
11. Neid
12. Kritik
13. Falsche Freunde
14. Fehler
15. Unversöhnlichkeit
16. Aufschub
17. Ablenkung
18. Lügen
19. Aufgeben
20. Wankelmütigkeit
21. Zögerlichkeit

22. Reden
23. Versagen
24. Verspätung
25. Eifersucht
26. Ungeduld
27. Ziellosigkeit
28. Ungehorsam
29. Streit
30. Falsche Richtung
31. Anpassung
32. Unaufrichtigkeit
33. Undankbarkeit
34. Sicherheitsdenken
35. Lauheit

Kostbare Wahrheit Nr. 28

Es gibt Verwandtschaft, und es gibt Bekanntschaft, doch am meisten schafft Freundschaft.

Wen du dir als deine besten Freunde oder Partner aussuchst, ist eine der wichtigsten Entscheidungen, die du im Lauf deines Lebens treffen wirst. „In fünf Jahren wird sich an dir im Vergleich zu heute nichts geändert haben – außer zwei Dinge: die Menschen, mit denen du zu tun hast, und die Bücher, die du liest" (Charlie „Tremendous" Jones). Die Bibel sagt, daß man weise wird, wenn man sich mit Weisen umgibt; einem Freund von Dummköpfen dagegen wird es schlecht gehen (siehe Spr. 13, 20). Du wirst den Menschen ähnlich werden, mit denen du engen Kontakt pflegst.

„Freunde in deinem Leben sind wie die Säulen auf deiner Veranda: Manchmal halten sie dich aufrecht; manchmal lehnen sie sich bei dir an; manchmal reicht es schon aus zu wissen, daß sie da sind" (Unbekannt). „Eisen wird durch Eisen geschärft, und ein Mann schärft das Angesicht des Nächsten" (Spr. 27, 17). Ein echter Freund ist jemand, der dich auf andere Gedanken bringt, wenn du dich selbst zum Narren gemacht hast. Gute Freundschaften multiplizieren unsere Freude und verringern unseren Kummer.

Ich habe festgestellt, daß die besten Freunde diejenigen sind, die das Beste aus dir herausholen. Ein echter Freund ist jemand, der für dich da ist, obwohl er eigentlich gerade lieber woanders wäre. „Ein Freund liebt zu jeder Zeit, und als Bruder für die Not wird er geboren" (Spr. 17, 17). Ich bin der Meinung, wir sollten unsere Freundschaften ständig „warten".

Laß los, was dich zurückhält

Ein guter Freund stellt sich dir niemals in den Weg, es sei denn, du bist auf dem Weg in den Abgrund. Ein guter Freund ist ein Mensch, der kommt, wenn die anderen gehen. Richtige Freunde sind solche, bei denen du es wagen kannst, du selbst zu sein. Ein Freund ist jemand, vor dem du laut träumen kannst. Für mich sind meine besten Freunde diejenigen, die meine Vergangenheit verstehen, an meine Zukunft glauben und mich heute so akzeptieren, wie ich bin.

Falsche Freunde, im Gegensatz zu richtigen Freunden, locken deine schlechteste – nicht deine beste – Seite aus dir heraus. Du weißt, von welchen Leuten ich rede! Es sind diejenigen, die den Sonnenschein absorbieren und das Düstere reflektieren. Es gibt Leute, die immer einen Grund finden, warum du das nicht tun kannst, was du tun willst. Schenke ihnen keine Beachtung! In Sprüche 25, 19 heißt es: „Wer sich in der Not auf einen unzuverlässigen Freund verläßt, ist wie einer, der mit einem brüchigen Zahn kauen oder mit einem lahmen Fuß laufen will" (Die Gute Nachricht). Ein Tag ohne schlechten Umgang ist wie ein Monat auf dem Lande. Mark Twain schrieb: „Halte dich von Leuten fern, die deine ehrgeizigen Pläne herabsetzen wollen. Kleinkrämer machen das ständig, aber die wirklich Großen vermitteln dir das Gefühl, daß auch du etwas Großartiges leisten kannst." Nimm dir niemals jemanden zum Freund, der dich in den Schatten stellt.

Ein wahrer Freund liebäugelt nicht mit deinen Schwächen – er hilft dir, deine ganzen Kräfte zu bündeln. Beziehungen entstehen meist durch gemeinsame Interessen oder aufgrund ähnlicher Probleme. Achte darauf, daß du den Unterschied erkennst!

Ein Freund ist jemand, der alles über dich weiß und dich trotzdem mag. „Behandle deine Freunde so wie deine schönsten Bilder, und rücke sie in das beste Licht" (Jennie Churchill). Ein wahrer Freund wird dir über Schwierigkeiten hinweghelfen, während die anderen nur gleichgültig zusehen, wie du kaputtgehst. Freunde kommunizieren von Herz zu Herz. Es gibt Verwandtschaft, und es gibt Bekanntschaft, doch am meisten schafft Freundschaft.

Kostbare Wahrheit Nr. 29

Jage keine Schmetterlinge, sondern grabe nach Diamanten.

Satans bevorzugte Strategie, um unsere Antriebskraft zu bremsen, ist, unsere Aufmerksamkeit von dem Plan, den Gott für uns hat, abzulenken. Entscheide dich, was du wirklich willst und was Gott für dich möchte. Das wird dich davor bewahren, Schmetterlingen nachzujagen, und dich dazu antreiben, nach Diamanten zu graben.

Wende dich vermehrt den Dingen in deinem Leben zu, die sich positiv entwickeln, statt denen, die dir Schwierigkeiten bereiten. Viel zu oft widmen Menschen den größten Teil ihrer Energie, Zeit und Aufmerksamkeit solchen Dingen, die in ihrem Leben niemals wirklich etwas hervorbringen werden. „Wenn ein Mensch nur die Hälfte dessen bekommen würde, was er sich wünscht, hätte er doppelt so viele Probleme", sagte Ben Franklin einmal.

Befreie deine Gedanken von den Dingen, die außerhalb deiner Kontrolle liegen, damit du dich völlig auf die Ziele konzentrieren kannst, die du heute erreichen kannst. Du wirst immer in die Irre gehen, wenn du versuchst, den geraden, schmalen Weg zu umgehen. „Einem festen Herzen bewahrst du den Frieden, den Frieden, weil es auf dich vertraut" (Jes. 26, 3; Schlachter). „Die größte Tragödie im Leben ist, Gott zu verlieren und Ihn nicht zu vermissen" (F. W. Norwood).

Die Ablenkungen, die dich am meisten hindern können, sind die Worte von anderen. Tu'nur ein einziges Mal das, was du nach Aussage der anderen angeblich nicht tun kannst, und du wirst ihren Einschränkungen nie mehr Beachtung schenken. Wenn du anderen Leuten erlaubst, dich aufzuhalten, dann werden sie es tun!

Laß los, was dich zurückhält

Wenn du dich durch Angst und Zweifel, die andere in dein Leben bringen wollen, verwirren läßt, wirst du immer ein offenes Ohr für schlechte Nachrichten haben und Schwierigkeiten deutlich auf dich zukommen sehen. Du wirst ein großartiger Erfinder von Dingen sein, die nie passieren werden. Jesus sagte: „Niemand, der seine Hand an den Pflug gelegt hat und zurückblickt, ist tauglich für das Reich Gottes" (Luk. 9, 62).

Konzentriere dich auf eine Sache, und schalte alle Einflüsse aus, die der Erledigung dieser Aufgabe nicht dienlich sind. George Bernard Shaw hat gesagt: „Menschen schieben die Schuld für das, was sie sind, immer auf die Umstände. Ich glaube nicht an Umstände. Die Menschen, die es in dieser Welt zu etwas bringen, sind diejenigen, die aufstehen und nach Umständen Ausschau halten, die ihnen gefallen, und die, wenn sie keine finden, sie sich schaffen." Wenn du dich konzentrierst, kann dich der Rest der Welt nicht ablenken. „Deine Augen sollen geradeaus schauen, und deine Blicke richte nach vorn! Ebne die Straße für deinen Fuß, und alle deine Wege seien geordnet" (Spr. 4, 25-26; Einheitsübersetzung).

Kostbare Wahrheit Nr. 30

Etwas Grossartiges entsteht nicht in einem Augenblick.

Eines der häufigsten Gebete, das ich für andere (und für mich selbst) bete, ist: „Herr, bitte gib ihnen kleine Gelegenheiten auf ihrem Weg, damit sie das tun können, wozu du sie berufen hast.“ Wenn wir in diesen kleinen Dingen treu sind, wird Gott zu uns sagen: „Sehr gut, du bist ein tüchtiger und treuer Diener. Du bist im Kleinen ein treuer Verwalter gewesen, ich will dir eine große Aufgabe übertragen. Komm, nimm teil an der Freude deines Herrn!“ (Matth. 25, 21; Einheitsübersetzung).

Jemand, der sich zu gut ist, um kleine Dinge zu tun, ist wahrscheinlich zu klein, als daß man ihm große Dinge anvertrauen könnte. Kleine Gelegenheiten sind oftmals der Anfang von großen Unternehmungen.

Etwas Großartiges entsteht nicht in einem Augenblick. Alles, was du tust, kommt Schritt für Schritt zustande. Laß dich niemals davon abhalten, etwas zu tun, bloß weil du im Moment nur wenig tun kannst. In diesem wenigen steckt eine große Möglichkeit. Kleine Dinge machen einen großen Unterschied aus; deshalb bemühe dich, die kleinen Dinge so erfolgreich wie möglich zu erledigen.

Du wirst niemals große Dinge tun, wenn du nicht kleine Dinge auf großartige Weise erledigst. Alle schwierigen Dinge fangen einfach an, und alles Große beginnt mit einem kleinen Anfang. Menschen, die Antriebskraft besitzen, und Menschen, die diese nicht haben, unterscheiden sich hauptsächlich darin, daß erstere ihre kleinen Ideen und Gelegenheiten umsetzen und nutzen.

Laß los, was dich zurückhält

Der Mut, den man braucht, um etwas anzufangen, ist derselbe Mut, den man benötigt, um erfolgreich zu sein. In der Kühnheit unterscheidet sich der tatsächlich Erfolgreiche vom lediglich Träumenden. Der Anfang ist der wichtigste Teil jedes Unterfangens. Schlimmer als jemand, der aufgibt, ist jemand, der aus Angst gar nicht erst anfängt. 90 Prozent des Erfolges liegen darin, sich zur Verfügung zu stellen und anzufangen. Du bist vielleicht enttäuscht, wenn du versagst, aber du bist zum Scheitern verurteilt, wenn du es nicht einmal versuchst.

Irre dich nicht: Den Weg zu kennen, kann niemals die Handlung, einen Fuß vor den anderen zu tun, ersetzen. Entdecke bei jedem neuen Schritt, welche Begeisterung in dir aufsteigen wird! Robert Schuller faßt alles zusammen in: „Gewinnen fängt an mit Beginnen." Der erste Schritt ist der schwerste. „Aus diesem Grund scheitern viele: weil sie nicht anfangen, kommen sie nicht voran. Sie überwinden ihre Trägheit nicht. Sie legen gar nicht los" (W. Clement Stone).

Wage einen Anfang! Es gibt nichts Schlimmeres als eine Unternehmung, die niemals begonnen worden ist. Du weißt nicht, was du tun kannst, bevor du es nicht versucht hast. Menschen sind in einer gewissen Hinsicht wie Bäume: entweder sie wachsen, oder sie verdorren. Es gibt keinen Stillstand. Tu', was du kannst. „Du mußt immer den nächsten Schritt machen" (N. Hill).

Kostbare Wahrheit Nr. 31

KEIN MENSCH BETRÜGT SICH SELBST SO SEHR WIE EIN EGOIST.

Wer wachsen will, muß geben. Ein einfaches, aber wirkungsvolles Prinzip ist: Gib den Menschen immer mehr, als sie erwarten. „Und wenn jemand dich zwingen wird, eine Meile zu gehen, mit dem geh zwei“ (Matth. 5, 41). Gib mehr, als jemand erwartet, und tu' es mit Freude. „Wenn man einen Menschen noch besser einschätzen kann als anhand dessen, was er tut, dann muß es wohl anhand dessen sein, was er gibt“ (Robert South).

Ein universelles Gesetz lautet: Wir müssen geben, bevor wir etwas bekommen. Dein Segen liegt darin, daß du anderen gibst. Die Ernte eines gebefreudigen Menschen fällt immer reichlich aus. Wenn du etwas bekommen möchtest, dann gib! Nicht der Empfänger, sondern der *Geber* empfämgt. Wenn du von dir selbst gibst, wirst du mehr zurückerhalten, als du gegeben hast.

Wir haben die Vergnügungen, die wir uns selbst verschaffen, bald satt, doch wir werden derer, die wir anderen verschaffen, nie überdrüssig werden. Ein Mensch, der Freundlichkeit wie Samen ausstreut, wird ständig ernten. Sei freundlicher, als es nötig ist. Freundlichkeit kann man schlecht weitergeben, denn sie kehrt immer wieder zu einem zurück. „Ein barmherziger Mensch tut seiner eigenen Seele wohl; ein Grausamer aber schädigt sein eigenes Fleisch“ (Spr. 11, 17; Schlachter).

Eine vorzügliche Art des Gebens ist es, Worte der Wertschätzung auszusprechen. Ein Kompliment ist wie ein Sonnenstrahl in Worte gefaßt. „Wie könnten aufrichtige Worte kränkend sein!“ (Hiob 6, 25). Geh also niemals sparsam mit anerkennenden Worten um, besonders dann nicht, wenn die Menschen, mit denen du es zu tun hast, sie verdient haben. Jeder mag es gerne, wenn er gelobt wird. Suche eifrig nach Gelegenheiten, anderen Anerkennung und Lob auszusprechen. Die guten Worte, die du schenkst, sind so kostbar, und kosten dich so wenig.

Das, was du nicht hergeben kannst, besitzt nicht du, sondern es besitzt dich. Denke daran, daß das, was du gibst, dir mehr Freude bereiten wird, als das, was du bekommst. Wenn du egoistisch bist, wirst du feststellen, daß du nach Norden, Süden, Osten und Westen auf dich allein begrenzt bist. Kein Mensch betrügt sich selbst so sehr wie ein Egoist.

Gott ist ein Geber. Deshalb eifere Ihm nach und tue jedermann Gutes. Sei bereit, spontan zu geben, denn wenn du sofort gibst, ist es so, als ob du doppelt gibst. Geben kann zu einer guten Angewohnheit werden.

„Der Mensch, der seine Fähigkeit und kreative Vorstellungskraft einsetzt, um herauszufinden, wieviel anstatt wiewenig er für eine Mark geben kann, dem ist der Erfolg gewiß“ (Henry Ford).

Kostbare Wahrheit Nr. 32

Such dir ein Problem aus, dem du nicht gewachsen bist.

Fast immer nehmen Leute solche Probleme in Angriff, denen sie gewachsen zu sein glauben; die kleineren oder größeren ignorieren sie oder überlassen sie den anderen. Such dir ein Problem aus, dem du nicht gewachsen bist! „Erfolg – wahrer Erfolg –, in welchem Bereich auch immer, verlangt mehr von einer Person, als die meisten bereit sind zu geben – aber nicht mehr als sie geben können" (James Roche).

Der Wunsch nach Sicherheit steht jedem großen und tugendhaften Traum im Wege. Sicherheitsdenken ist der erste Schritt zum Stillstand. Das Problem in dieser Welt ist, daß zu viele Menschen nur empfangen, aber nichts weitergeben wollen.

Kühne Visionen zu haben ist die dritt-, zweit- und allerwichtigste Sache. Wer nichts wagt, sollte auch nichts erwarten. „Jemand, der mit dem zufrieden ist, was er bereits getan hat, wird niemals für das berühmt werden, was er tun wird" (Christian Bovee). Wenn du schon alles erreicht hast, was du für dich geplant hattest, dann hattest du zuwenig Pläne.

Laß dich für ein herausragendes Ziel gebrauchen. Wage es das zu tun, was für dich richtig ist! Suche dir ein Ziel, für das du bereit bist, einen Teil deines Lebens zu opfern. Der sicherste Weg zum Glück ist, dich in ein Vorhaben zu investieren, das größer ist als du. Du wirst unglücklich sein, wenn du nicht etwas anstrebst, das über deine Fähigkeiten hinausgeht.

„Es ist schwierig zu sagen, was unmöglich ist, denn der Traum von gestern ist die Hoffnung von heute und die Realität von morgen" (Robert Goddard). Jede große Tat ist unmöglich, wenn sie in Angriff genommen wird. Erst nachdem sie vollendet ist, erscheint sie auch dem durchschnittlich Denkenden möglich. Für Menschen, die klein denken, sieht alles wie ein Berg aus. Die grandiosesten Dinge zu tun ist in gewisser Hinsicht am einfachsten, weil es so wenig Konkurrenz gibt.

Wenn du vor Selbstzufriedenheit strotzt, ist dies ein sicheres Anzeichen dafür, daß deine Entwicklung bald zum Stillstand kommen wird. Wenn du mit dir selbst zufrieden bist, solltest du dir andere Ideale suchen. „Wieviel besser es doch ist zu wissen, daß wir es gewagt haben, unsere Träume zu leben, statt unser Leben träge mit Bereuen zu verbringen“ (Gilbert Chaplin). „Mäßigung ist eine verhängnisvolle Sache, denn nichts ist so erfolgreich wie Exzeß“ (Oscar Wilde).

Du wirst niemals erleben, daß deine wildesten Träume wahr werden, es sei denn, du hast ein paar wilde Träume!

Kostbare Wahrheit Nr. 33

Wenn etwas funktioniert, dann mach es noch besser.

Jeder, der dahin gekommen ist, wo er heute ist, mußte dort anfangen, wo er war. Nur einer von Tausend weiß wirklich, wie man in der Gegenwart lebt. Unser Problem ist, daß wir selten daran denken, was wir haben, sondern meistens daran, was uns fehlt.

Der Versager wünscht sich, er könne Dinge tun, die er nicht tun kann. Er denkt kaum an das, was er tun kann. Was du tun *kannst* … kannst du *tun.*

„Wir brauchen nicht mehr Kraft oder mehr Talent oder bessere Gelegenheiten. Wir müssen vielmehr von dem Gebrauch machen, was wir haben" (Basil Walsh). Meistens ignorieren die Leute das, was sie tun können, und versuchen etwas zu tun, was sie nicht tun können. Etwas Neues zu lernen, wird dem nichts nützen, der das nicht umsetzt, was er schon weiß. Erfolgreich sein bedeutet, aus dem, was wir haben, das Beste zu machen.

Norman Vincent Peale hat gesagt: „Wir haben alle gehört, daß wir aus unseren Fehlern lernen sollen, doch ich denke, es ist weitaus wichtiger, daß wir aus unseren Erfolgen lernen. Wenn du nur aus deinen Fehlschlagen lernst, tendierst du dazu, die Fehler zu lernen". Manche Menschen versagen ihr ganzes Leben lang und bemerken es nicht einmal.

Das Schlimmste am Nichtstun ist, daß man nie weiß, wann man fertig ist. Wenn du aufhörst, Dinge zu verbessern, bist du am Ende. Benutze alles, was du bekommen hast, und du wirst noch mehr bekommen. Was „gut genug" ist, kannst du noch perfektionieren. „Gelegenheiten vervielfachen sich, wenn man sie ergreift; sie sterben, wenn man sie unbeachtet läßt" (Unbekannt). „Jede Decke ist der Boden eines neuen Stockwerks, auf dem du gehen kannst, von wo aus du eine neue Decke siehst. Jeder Ausgang ist irgendwo ein Eingang" (Tom Stoppard).

„Du kannst das Wetter nicht verändern, aber du kannst die moralische Atmosphäre bestimmen, die dich umgibt. Warum solltest du dir Sorgen über Dinge machen, die du sowieso nicht ändern kannst? Mach lieber deinen Einfluß auf die Dinge geltend, die von dir abhängen" (*In a Nutshell*). Ein starker, erfolgreicher Mensch ist nicht das Produkt seiner Umgebung, sondern er schafft sich günstige Bedingungen" (Orsen Marden).

Nur derjenige kommt voran, der mehr tut, als notwendig ist – und immer so weitermacht. Ganz gleich, wie holprig der Weg ist, manche kommen vorwärts; ganz gleich, wie leicht das Vorankommen ist, manche bleiben zurück. Fang irgendwo an; du wirst deine Bestimmung nicht erfüllen, indem du dir nur vornimmst, etwas zu tun.

Die beste Möglichkeit, dein Los zu verbessern, ist loszulegen. Bau auf das Los im Leben, das dir zugeteilt worden ist.

Kostbare Wahrheit Nr. 34

SEI NICHT KLEIN-MÜTIG ... SEI GROSS UND MUTIG.

Menschen, die Schwungkraft besitzen, haben eines gemeinsam: sie ziehen Kritik an. Wie du auf diese Kritik reagierst, bestimmt den Grad deiner Antriebskraft. Wer niemandem auf die Zehen tritt, bewegt sich wahrscheinlich nicht von der Stelle. Als ich vor kurzem im *Time Magazine* die Titelgeschichte über Billy Graham las, stellte ich mit Überraschung fest, daß er in diesem Artikel unter anderem auch von verschiedenen „Kollegen" kritisiert wurde. Da wurde mir bewußt, daß alle großen Männer auch großer Kritik ausgesetzt sind. Lerne, ungerechtfertigte Kritik an deinen herausragenden Zielen und Leistungen zu akzeptieren und sogar damit zu rechnen. Auch Jesus wurde wiederholt kritisiert. Wenn selbst an Jesus Kritik geübt wurde, dann werden sicherlich Billy Graham, du und ich auch nicht davon verschont bleiben.

Es kann sehr nützlich sein, von denjenigen, die von Herzen dein Bestes im Sinn und dieselbe Gesinnung wie du haben, konstruktive Kritik zu erhalten; du bist jedoch keineswegs verpflichtet, auf die Kritik all derer zu reagieren, die dies nicht im Sinn haben. Der einzige, dem du Rechenschaft ablegen mußt, ist Gott. „Treibe den Spötter fort, so zieht der Zank mit hinaus, und Streiten und Schimpfen hören auf" (Spr. 22, 10). Verschenke nicht die Zeit an einen kritischen Menschen, die du mit einem Freund verbringen könntest. Mir gefällt sehr, was Edward Gibbon sagte: „Ich begehe nie den Fehler, mit Menschen zu diskutieren, auf deren Meinung ich keinen Wert lege."

Es ist tausendmal einfacher zu kritisieren, als selbst etwas zuwege zu bringen. Aus diesem Grund tragen kritische Menschen niemals zur Lösung eines Problems bei. Stöcke und Steine werden nur auf Bäume geworfen, die Früchte tragen. „Jeder Narr kann kritisieren, verurteilen und sich beklagen, und die meisten tun dies auch" (Dale Carnegie). Meiner Meinung nach sollte derjenige, der behauptet, etwas sei nicht zu schaffen, denjenigen nicht unterbrechen, der es zuwege bringt. Bedenke, daß wenn du von hinten angerempelt wirst, es bedeutet, daß du dich vorne befindest. Eine jüdische Spruchweisheit besagt, daß ein kritischer Mensch wie das Mädchen sei, das nicht tanzen kann, und deshalb erklärt, die Musikgruppe könne nicht richtig spielen.

Kritische Menschen wissen die Antwort, ohne sich die Mühe gemacht zu haben, nachzuforschen, welche Frage gestellt worden ist. Wenn die wunderwirkende Wahrheit bedrohlich vor ihnen auftaucht, halten sie ihr die „Fakten" entgegen. „Gebt acht, daß euch niemand mit seiner Philosophie und falschen Lehre verführt, die sich nur auf menschliche Überlieferung stützen und sich auf die Elementarmächte der Welt, nicht auf Christus berufen" (Kol. 2, 8; Einheitsübersetzung).

Ein Kritiker ist ein Mensch, der sich dazu berufen fühlt, Menschen zu loben, die ihn überragen, doch er findet solche nie!" (Richard LeGallienne). Ein kritischer Mensch ist davon überzeugt, daß es die Hauptaufgabe der Sonnenstrahlen ist, Schatten zu werfen. Er selbst glaubt gar nichts, möchte aber trotzdem, daß man ihm glaubt. Er kennt immer genau „den Preis für alles und den Wert von nichts" (Oscar Wilde). Verschwende nicht deine Zeit damit, deinen Kritikern Rede und Antwort zu stehen, denn du schuldest ihnen nichts.

Sei nicht klein-mütig – sei groß und mutig! Entwickle dich nicht zu einem kritischen Menschen. „Wir haben genauso wenig das Recht, mit unserer negativen Haltung in das Leben unserer Mitmenschen einzudringen und ihnen ihren Sonnenschein und ihre Fröhlichkeit zu rauben, wie wir nicht das Recht haben, in ihr Haus einzudringen und ihr Silberbesteck zu stehlen" (Julia Seton). Denke daran: Wenn du andere kritisierst, machst du unbezahlte Überstunden. „... worin du den anderen richtest, verdammst du dich selbst ..." (Röm. 2, 1). Wirf nie mit Schlamm! Vielleicht triffst du dein Ziel, hast aber dann hinterher schmutzige Hände. Werde nicht zu kosmischem Nebel, weil es dir nicht gelungen ist, ein Stern zu werden. „Verwende soviel Zeit dafür, dich zu verbessern, daß du gar keine Zeit hast, andere zu kritisieren“, (Glaubensbekenntnis des Optimisten). Setze deine Zeit und Energie dafür ein, etwas zu schaffen, statt etwas zu kritisieren.

Es ist gut, an folgendes zu denken,
aber noch besser, es zu befolgen:
Arbeite lieber bei einer Baufirma
als bei einem Abrißunternehmen.

Kostbare Wahrheit Nr. 35

NEID HAT NOCH KEINEN REICH GEMACHT.

Stell dir einen Läufer vor, der sein Bestes gibt. Er rennt an einigen anderen Wettkämpfern vorbei, doch plötzlich schaut er sich nach seinen Konkurrenten um. Wie muß diese Szene zwangsläufig enden? Dieser Läufer wird auf jeden Fall an Geschwindigkeit verlieren und vielleicht sogar stolpern. Dasselbe wird uns passieren, wenn wir uns durch Neid ablenken lassen, während wir in der Rennbahn laufen, in die Gott uns gestellt hat. Statt Rekorde zu brechen, „zerbrechen" wir so unsere Antriebskraft.

Neid schießt auf andere und verletzt sich selbst (Englisches Sprichwort). Wer neidisch ist, bestraft sich selbst. „Der habgierige Mensch ist immer arm" (Claudianus). Neid hat noch keinen reich gemacht. „Von allen Leidenschaften ist die Eifersucht diejenige, die die härtesten Dienste verlangt und den schlechtesten Lohn bezahlt. Was sie zu bieten hat, ist, daß wir den Erfolg unseres Feindes beobachten; ihr Lohn ist, daß wir uns des Erfolges unseres Feindes gewiß sein können" (Charles Colton).

Neidisch zu sein ist, als ob du einen Hund beißen würdest, weil er dich gebissen hat. „Ein gelassenes Herz ist des Leibes Leben; aber Eifersucht ist Eiter in den Gebeinen" (Spr. 14, 30; Luther). So wie Rost Eisen zerfrißt, zerfrißt Neid sich selbst. Neid saugt einem Leben jegliche Freude, Zufriedenheit und Erfüllung aus.

Wo man Neid wachsen läßt, brütet er Haß und Rache aus. Zornig zu sein und Rachegelüste zu hegen ist, als ob man zum Teufel beten würde. Die Bibel sagt: „Vergeltet Böses nicht mit Bösem, und gebt Beleidigungen nicht wieder zurück! Im Gegenteil, segnet eure Beleidiger ..." (1. Petr. 3, 9; Die Gute Nachricht). Rache verwandelt eine kleine Ungerechigkeit in eine große Ungerechtigkeit.

Laß los, was dich zurückhält

„Nicht die Liebe macht blind, sondern die Eifersucht“ (Lawrence Durrell). Neid sieht den Fels in der Brandung nicht. „Wenn ein neiderfüllter Mensch hört, wie ein anderer gelobt wird, fühlt er sich persönlich verletzt“ (Englisches Sprichwort). Liebe schaut durch ein Teleskop, Neid durch ein Mikroskop“ (Josh Billings). „Sehet zu und hütet euch vor aller Habgier; denn niemand lebt davon, daß er viele Güter hat“ (Lukas 12, 15; Luther). Dein Leben ist zu kostbar, als daß du es damit vergeudest, nach dem zu trachten, was andere haben. Habgier ist ein Durst, der nicht zu stillen ist.

Ein Mann, der nicht über die Dinge trauert, die er nicht hat, sondern sich an dem erfreut, was er hat, ist weise. Wenn du immer wieder das, was du willst, mit dem, was du hast, vergleichst, wirst du unglücklich sein. Vergleiche statt dessen das, was du eigentlich verdient hättest, mit dem, was du hast, dann wirst du glücklich sein. Entscheide dich, dich an die Fersen der Liebe zu heften. Neid ist eine zu schwere Last, als daß du sie tragen könntest.

Schau nach oben

Kostbare Wahrheit Nr. 36

SCHÄTZE DIE SEGNUNGEN GOTTES, VERACHTE SIE NICHT.

Sei auf energische Weise dankbar! Es spielt im Leben eine sehr große Rolle, ob du alles für selbstverständlich erachtest oder ob du dankbar dafür bist. Dankbar zu sein ist die Einstellung eines produktiven Lebens. Es gibt keine dringendere Pflicht, als sich dankbar zu zeigen. Ein Mensch, der für das, was er hat, nicht dankbar ist, wird höchstwahrscheinlich auch nicht dankbar für das sein, was er bekommen wird. Undankbarkeit kennt kein Ende.

„Die guten Einstellungen versauern im Leben, das der Dankbarkeit gegenüber verschlossen ist. Bald gewinnt eine selbstsüchtige Haltung die Oberhand, die ein Leben für bessere Dinge unzugänglich macht" (C. Neil Strait). Derjenige, der die Sprache der Dankbarkeit verlernt, wird nie Zufriedenheit kennenlernen. Du wirst feststellen, daß Dankbarkeit dein Leben mit Kraft erfüllen wird, weil sie den Motor deines Herzens antreibt und dich drängt, dich dankbar zu zeigen, mit Freude zu nehmen und kreativ zu reagieren. William Ward hat sehr weise gesagt: „Es gibt drei Feinde des persönlichen Friedens: Reue über die Fehler von gestern, Sorgen vor den Problemen von morgen und Undankbarkeit gegenüber den Segnungen von heute."

Sei dir bewußt, daß du gesegnet bist. Wenn du schon nicht mit dem zufrieden sein kannst, was du erreicht hast, dann sei dankbar für das, wovon du verschont geblieben bist. Danke Gott und schätze deine Segnungen bei jeder Gelegenheit! Die beiden Worte *denken* und *danken* haben dieselbe lateinische Wurzel. Wenn wir mehr *denken* würden, würden wir zweifellos auch mehr *danken*.

Mir gefällt, was Dwight L. Moody gesagt hat: „Sei demütig, oder du wirst stolpern." Es gibt eine Beziehung zwischen Stolz und Undankbarkeit. Henry Ward Beecher betonte: „Ein stolzer Mensch ist selten ein dankbarer Mensch, denn er kommt gar nie auf den Gedanken, daß er soviel bekommen hat, wie er verdient." Sei nicht jemand, der einen hochentwickelten Instinkt dafür hat, wie man unglücklich ist. Statt dessen „seid fröhlich in Hoffnung, geduldig in Trübsal, haltet an am Gebet" (Röm. 12, 12; Luther). Die beste Regel ist, alles dankbar anzunehmen, was Gott dir gibt. Wenn wir unsere Zeit damit verbringen, Gott für die guten Dinge zu danken, werden wir keine Zeit haben, wegen der unguten Dinge Tränen zu vergießen.

Finde hundert Dinge, für die du heute dankbar sein kannst. Ich garantiere dir, daß du, während du dies tust, infolge deines gedanklichen Selbstgesprächs fünf kreative Ideen haben wirst. Eine der kreativsten Weisen, Antriebskraft zu entwickeln und Gelegenheiten zu finden, ist, dich hinzusetzen und an fünfzig Menschen, die dein Leben beeinflußt haben, einen kleinen Dankesbrief zu schreiben.

Unser wahrer Reichtum liegt darin, daß wir dankbar sind. Anerkennende Worte sind eine der stärksten Kräfte auf dieser Erde, um Gutes zu bewirken. Freundliche Worte, die kaum etwas kosten, erreichen doch so viel. Schätze die Segnungen Gottes, verachte sie nicht! Bete: „Gott, du hast mir so viel gegeben, gib mir noch etwas: ein dankbares Herz!"

Kostbare Wahrheit Nr. 37

Du kannst Gott niemals zu sehr vertrauen.

Viele Menschen glauben an Gott, aber nicht viele glauben Ihm. Einer der fantastischsten Weisen, wie wir unser Leben führen können, ist Gott ständig zu glauben. „Gott hat uns gemacht, und Gott ist fähig, uns die notwendige Kraft zu verleihen, damit wir das tun können, was Er uns aufträgt. Wenn wir abstreiten, daß wir Gottes Werk tun können, ist das nicht Demut; es ist die schlimmste Form von Stolz" (Warren Wiersbe).

Ein Mensch, für den Gott zuerst kommt, wird feststellen, daß Gott bis zuletzt mit ihm ist. „Auf all deinen Wegen erkenne nur ihn, dann ebnet er selbst deine Pfade!" (Spr. 3, 6). Eine göttliche Führung, die keinen Glauben an Gott beinhaltet, ist es nicht wert, als solche bezeichnet zu werden, denn für jede göttliche Richtungsweisung, die wir von Gott bekommen, wird Glaube an Ihn benötigt.

„Gott hat noch nie ein Versprechen gegeben, das zu schön ist, um wahr zu sein", sagte Dwight L. Moody. Eine der großartigsten Tatsachen im Hinblick auf den Glauben finden wir in Lukas 18, 27: „Was bei Menschen unmöglich ist, ist möglich bei Gott." Wenn du dich mit Ihm und Seinem Plan verbündest, dann werden Dinge, die zuvor unmöglich waren, auf einmal möglich sein. Ein Mensch von Größe sucht seinen Erfolg in Gott. Der Kleinmütige dagegen sucht Erfolg in sich selbst oder anderen. Du hast Gottes Quellen noch gar nicht angezapft, wenn du nicht etwas Unmögliches in Angriff genommen hast.

Du kannst dem Herrn zuwenig vertrauen, aber es ist unmöglich, Ihm zuviel Vertrauen zu schenken. Wenn dich Gottes Kraft trägt, Seine Liebe in dir ist und Seine Arme dich tragen, dann bist du mehr als genug für die vor dir liegenden Tage ausgerüstet. „Gott ist auf unserer Seite“, schrieb Abraham Lincoln. „Wichtiger ist es jedoch zu wissen, daß wir auf Gottes Seite sind.“

Tatsache ist, daß jemand, der nicht an Wunder glaubt, kein Realist ist. Schau dich um! Nichts ist realer als Wunder. Wenn du Gott ausklammerst, stehst du ohne all die unsichtbaren Mittel zu deiner Unterstützung da. Großartige Dinge werden von denjenigen vollbracht, die zu glauben wagen, daß Gott in ihnen über die Umstände erhaben ist.

Wenn du etwas als „unmöglich“ bezeichnest, reihst du dich in die Riege der Versager ein. Weißt du, was geschieht, wenn du große Träume und großen Glauben hast und mit Kühnheit betest? Große Dinge! Die meisten Taten, die Geschichte gemacht haben, wurden für unmöglich erklärt, bevor sie getan wurden. Das, was unmöglich ist, ist unsere größte Verantwortung.

Wie jeder neue Tag für dich aussieht, hängt davon ab, auf wen du schaust. Schau auf Gott! Glaube Gott! Wenn du Ihm glaubst, wirst du in jedem Problem eine Gelegenheit sehen, nicht in jeder Gelegenheit eine Menge von Problemen. In Sprüche 16, 3 heißt es zu Recht: „Befiel dem Herrn dein Tun an, so werden deine Pläne gelingen“ (Einheitsübersetzung). Auch in Josua 1, 9 ist zu lesen: „Habe ich dir nicht geboten: Sei stark und mutig? Erschrick nicht und fürchte dich nicht! Denn mit dir ist der Herr, dein Gott, wo immer du gehst.“

In alle wirklich großen Sachen ist Gott einbezogen. Wage es, mit Gott weiter zu gehen, als du sehen kannst. Wenn etwas nützlich für dich ist, wird Gott es in deine Reichweite bringen. In einem Psalm der Bibel heißt es: „... wer in Unschuld wandelt, dem versagt er nichts Gutes“ (Ps. 84, 12; Schlachter). Nimm niemals eine Sache in Angriff, wenn du nicht ohne jeden Zweifel weißt, daß du für sie den Segen des Himmels hast. Ein kleinmütiger Mensch verläßt sich auf andere; ein Mensch von wahrer Größe verläßt sich auf Gott.

Kostbare Wahrheit Nr. 38

LEBE AUFRICHTIG, UND DU WIRST RICHTIG LEBEN.

Du kannst etwas Fehlerhaftes nicht zum Funktionieren bringen. Jage niemals einer Lüge hinterher: Wenn du sie links liegen läßt, wird sie sich selbst zerstören. Was immer du der Wahrheit hinzufügst, nimmst du letztendlich von ihr weg. Der Gedanke, daß die Leute heutzutage mehr über Ehrlichkeit als über Irreführung geschockt sind, ist niederschmetternd. Dabei ist Ehrlichkeit von bedeutender Wichtigkeit für eine Gesellschaft. Thomas Jefferson hat gesagt: „Ehrlichkeit ist das erste Kapitel im Buch der Weisheit."

„Diejenigen, die der Meinung sind, ‚Notlügen' seien erlaubt, werden bald farbenblind sein" (Awson O'Malley). Mit jeder Lüge strafen wir uns selbst, aber mit jeder richtigen Handlung belohnen wir uns. Eine Lüge wird deine Lage nur verschlimmern, dir deine Kraft rauben, deine Probleme vervielfachen und deine Effektivität schmälern.

„Die Wahrheit ist immer mächtig, ganz gleich, wie schwach sie erscheinen mag, und Unwahrheit ist immer schwach, wie mächtig sie auch immer wirken mag" (Marcus Antioninus). Betrachte niemals etwas als deinen Vorteil, das dich dazu veranlaßt, dein Wort nicht zu halten. Wenn Lüge und Wahrheit gegeneinander kämpfen, gewinnt die Lüge den ersten Kampf, aber die Wahrheit entscheidet die Schlacht für sich. „Wenn wir aufrichtig leben, werden wir richtig leben", sagte Ralph Waldo Emerson.

Lügner sind niemals freie Menschen. Die Bibel sagt: „... ihr werdet die Wahrheit erkennen, und die Wahrheit wird euch frei machen" (Joh. 8, 32). Horace Greeley hat festgestellt: „Die dunkelste Stunde im Leben eines Menschen bricht dann an, wenn er sich hinsetzt, um zu planen, wie er Geld bekommen kann, ohne es zu verdienen." Du solltest statt dessen jedoch „das Böse verwerfen und das Gute wählen“ (Jes. 7, 15). „Durch Lügen und Betrügen Reichtümer sammeln, so etwas Sinnloses tut nur, wer den Tod sucht“ (Spr. 21, 6; Die Gute Nachricht). Tatsache ist, daß unrechtmäßig erworbener Gewinn immer vom Teufel stammt.

Wenn du die Wahrheit verwässerst, können andere sie durchschauen. Zerre nicht an der Wahrheit, denn sie wird wie ein Gummiband zurückschnalzen! Laß dein Wort wie ein Vertrag sein. Nicht eingehaltene Versprechen sind die Ursache für die größten Konflikte in der Welt. Ehrlichkeit währt stets am längsten. Eine Lüge dagegen hat keine hohe Lebenserwartung.

„Es macht den allesentscheidenden Unterschied aus, ob wir der Wahrheit den ersten oder den zweiten Platz einräumen“ (John Morley). So knapp die Wahrheit auch ist, der Vorrat war schon immer größer als die Nachfrage. Falsch bleibt falsch, ganz gleich, wer etwas Falsches tut oder sagt. Die Wahrheit hört nicht auf zu existieren, nur weil sie ignoriert wird, und sie ändert sich nicht, ob die Mehrheit der Bevölkerung an sie glaubt oder nicht. Die Wahrheit ist immer das stärkste Argument.

Die Wahrheit existiert. Nur Lügen müssen erfunden werden. Die Wahrheit scheint wie ein Licht in der Dunkelheit. „Es gibt auch keinen Augenblick Waffenstillstand zwischen Tugend und Bosheit. Güte ist die einzige Investition, die sich niemals als falsch erweist“ (Henry David Thoreau).

Die Wahrheit braucht keine Krücken. Wenn es hinkt, ist es eine Lüge. Die Lüge steht auf einem Bein, die Wahrheit dagegen auf zweien. In Sprüche 11, 3 heißt es: „Der Aufrichtige wird von seiner Redlichkeit geleitet; der Hinterhältige wird von seiner Falschheit umgebracht“ (Die Gute Nachricht). „Du wirst feststellen, daß das Leben für denjenigen, der nicht ehrlich ist, ein harter Kampf ist“ (Joan Welsh).

Kostbare Wahrheit Nr. 39

Wir sitzen alle im selben Boot – aber jeder für sich allein.

Jede großartige Idee und jeder große Traum muß allein zwischen dir und Gott ausgemacht werden. Es gibt Zeiten, in denen nur du und Er glauben, daß sie in Erfüllung gehen werden. Kommst du allein zurecht? Es steckt Kraft in dem Prinzip, einzig und allein auf sich gestellt zu sein.

John Gardner hat erklärt: „Zyniker sagen: ‚Ein einzelner kann nichts tun'. Ich sage: ‚Nur ein einzelner kann etwas tun'." Kein anderer kann etwas für dich tun. Niemand anderer wird etwas für dich tun. Longfellow drückte das folgendermaßen aus: „Nicht im Lärm der Menschenmengen auf der Straße, nicht in den Jubelrufen oder dem Beifall der Massen, sondern in uns befinden sich Triumph oder Niederlage." Du kannst dein Denken, dein Träumen oder deinen Glauben nicht an andere delegieren.

Thomas Edison, der von sich behauptete, er könne aufgrund seiner teilweisen Taubheit besser denken, sagte: „Die besten Gedanken sind in der Einsamkeit entstanden, die schlechtesten in Unruhe und im Durcheinander." Selbst Gott weist darauf hin: „Seid stille und erkennet, daß ich Gott bin ..." (Ps. 46, 11; Schlachter).

Adler fliegen allein; Krähen fliegen in Scharen. Lerne, wie du dich zurückziehen kannst. Laß es nicht soweit kommen, daß du so sehr von anderen vereinnahmt wirst, daß du nicht mehr du selbst bist. Tatsache ist, daß wir zwar alle im selben Boot sitzen – aber jeder für sich allein.

Alexander Graham Bell hat folgende Beobachtung gemacht: „Bleib nicht für immer auf der öffentlichen Straße. Verlaß hin und wieder den vielbegangenen Pfad, und fahre in den Wald. Dort wirst du mit

Sicherheit etwas finden, das du noch nie gesehen hast. Auf eine Entdeckung wird die nächste folgen, und ehe du dich versiehst, wirst du etwas gefunden haben, worüber es sich lohnt, sich in Gedanken damit zu beschäftigen."

Ein angemessener Zeitraum, in dem man allein ist, ist unentbehrlich. Diese Zeit aber sollten wir hauptsächlich dazu nutzen, um uns auf die Rückkehr in den Kampf vorzubereiten. Sorge dafür, daß du dir regelmäßig Zeit nimmst, um allein zu sein.

Akzeptiere es nicht, wenn andere glauben, dich besser zu kennen. Große Anführer hatten stets mit massivem Widerstand von seiten der durchschnittlich Denkenden zu kämpfen. Der größte Fehler, den du begehen kannst, ist zu glauben, daß du für jemand anderen arbeitest. In Wirklichkeit arbeitest du für dich selbst und dafür, daß Gottes Plan für dein Leben zustandekommt.

Lerne, auf dich alleine gestellt zu sein; sonst wird dir nichts Lohnenswertes begegnen.

Kostbare Wahrheit Nr. 40

Gib dich schnell zufrieden – doch nur mit dem Allerbesten.

Wenn du eine Aufgabe in Angriff nimmst, dann überlege dir als erstes, wie man sie besser denn je erledigen könnte. „Nimm den Kampf auf mit dir selbst, und wage es, dich in Bestform zu bringen" (William Danforth). Werde ein Maßstab für Qualität! Tu' das Richtige, ganz gleich, was andere denken. Die meisten sind eine Umgebung, in der Vortrefflichkeit erwartet wird, nicht gewohnt.

„Das Komische am Leben ist, daß, wenn man sich mit nichts anderem zufriedengibt als mit dem Besten, es nicht selten der Fall ist, daß man es auch bekommt" (Somerset Maughan). Denke nur an das Beste, arbeite nur für das Beste und erwarte nur das Beste. Vortrefflichkeit entsteht niemals zufällig. „Es gibt immer einen Weg, wie man etwas besser machen kann ... finde ihn heraus" (Thomas Edison). Alles kann man auf ausgezeichnete Weise machen. „Betrachte es als deine Verantwortung, einen höheren Standard zu erreichen, als allgemein von dir erwartet wird. Erlaube dir keine Ausnahmen!" (Henry Ward Beecher).

„Diejenigen, die in ihrer Natur dieses zwingende Verlangen nach dem Besten haben und die nichts anderes akzeptieren, sind es, die das Banner des Fortschritts hochhalten und die Maßstäbe setzen, die die Ideale der anderen werden" (Orsen Marden). „Glückselig der Mann, der die Versuchung erduldet! Denn nachdem er bewährt ist, wird er den Siegeskranz des Lebens empfangen, den er denen verheißen hat, die ihn lieben" (Jak. 1, 12). Ob ein Mensch sich durch Vortrefflichkeit auszeichnet, erkennt man an der Höhe seiner Ideale, an der Weite seiner Barmherzigkeit, an der Tiefe seiner Überzeugungen und an der Länge seiner Ausdauer. Leute werden deinen Charakter beurteilen, indem sie beobachten, wofür du einstehst, auf was du hereinfällst und wofür du lügst.

Perfektion ist zum Glück nicht die beste Alternative zu Mittelmäßigkeit. Eine weitaus vernünftigere Alternative ist Vortrefflichkeit. Nicht nach Vollkommenheit, sondern nach Vortrefflichkeit zu streben ist belebend und lohnenswert; in nahezu jeder Hinsicht perfekt sein zu wollen ist dagegen frustrierend und sinnlos. Wir sind das, was wir immer und immer wieder tun. Vortrefflichkeit ist dann nicht mehr nur eine Handlung, sondern eine Gewohnheit. „Darum sage ich: Laßt euch vom Geist leiten, dann werdet ihr das Begehren des Fleisches nicht erfüllen" (Gal. 5, 16; Einheitsübersetzung). Menschliche Vortrefflichkeit ist bedeutungslos, wenn sie nicht im Einklang mit Gott arbeitet. „Vortrefflichkeit verlangt, daß du besser bist, als du bist" (Ted Engstrom).

Die Nachfrage nach vorhandener Mittelmäßigkeit ist immer groß – erfülle sie nicht . Gib dich statt dessen nur schnell mit dem Allerbesten zufrieden. Denn immer dann, wenn du dein Allerbestes gibst, wirst du dich am erfolgreichsten fühlen. Verkaufe niemals deine Überzeugung zugunsten deiner Beliebtheit, sonst wirst du auf schlimme Weise bankrott gehen. Wage es, so ehrlich zu sein, wie du nur kannst.

Kostbare Wahrheit Nr. 41

Miss dein Leben an deinem Geben, nicht an seiner Dauer.

„Es kümmert niemanden, wieviel du weißt, bis man weiß, wie sehr du dich um etwas kümmerst“ (John Cassis). Das Leben hat sehr viel Ähnlichkeit mit einem Restaurant. Diejenigen, die die Gäste nicht gut bedienen, werden keinen Erfolg haben. Dr. Carl Menninger wurde einmal von einem Mann gefragt: „Was würden sie jemandem raten, der kurz vor einem Nervenzusammenbruch steht?“ Die meisten würden vermuten, er habe geantwortet: „Gehen Sie zu einem Psychiater.“ Doch überraschenderweise entgegnete er: „Schließen Sie Ihr Haus ab, überqueren Sie die Bahngleise, finden Sie jemanden, der in Not ist, und tun Sie etwas, um diesem Menschen zu helfen.“

„Liebe und Treue zu anderen sollen bei dir niemals fehlen. Schmücke dich damit wie mit einer Halskette!“ (Spr. 3, 3; Die Gute Nachricht). „Wenn man das Leben nicht für andere lebt, ist es wertlos“ (Mutter Theresa). „Ein egozentrisches Leben ist völlig leer, während ein leeres Leben Raum für Gott läßt“ (Tom Haggai). Wenn du mit deinem Fleckchen Leben unzufrieden bist, dann bau ein Hilfswerk darauf auf. Eine gute Art und Weise, wie du deine Sorgen vergessen kannst, ist, anderen dabei zu helfen, ihre loszuwerden.

Anderen zu dienen ist nie ganz selbstlos, denn jemand, der gibt, bekommt immer zurück. „Ein barmherziger Mensch tut seiner eigenen Seele wohl; ein Grausamer aber schädigt sein eigenes Fleisch“ (Spr. 11, 17; Schlachter). Denk einmal darüber nach, was man dich am Ende deines Lebens auf der Erde fragen wird. Nathan Schaeffer sagt: „Die Frage wird nicht lauten: ‚Wieviel hast du bekommen?‘, sondern: ‚Wieviel hast du gegeben?‘; nicht: ‚Wieviel hast du gewonnen?‘, sondern: ‚Wieviel hast du getan?‘; nicht: ‚Wieviel hast du gespart?', sondern: ,Wieviel hast du geopfert?'. Man wird dich fragen: ,Wie sehr hast du geliebt und gedient?', und nicht: ,Wie sehr hat man dich geehrt?'."

„Egoismus ist der größte Fluch der menschlichen Rasse" (W. E. Gladstone). Selbstbezogenheit ist ein Feuer, das zunächst andere und dann das eigene Ich verzehrt. Da 90 Prozent unseres Unglücklichseins auf Selbstsucht zurückzuführen sind, sollten wir statt an uns selbst zu denken lieber überlegen, was ein anderer Mensch möchte. Es ist wahrhaftig so, daß du selbst am besten und schnellsten erfolgreich sein wirst, wenn du anderen zu ihrem Erfolg verhilfst.

„Der Maßstab für dein Leben ist nicht seine Dauer, sondern dein Geben. Jeder kann groß sein, denn jeder kann dienen" (Peter Marshall). Wenn du etwas für andere tust, ist das Leben nicht länger bedeutungslos. „Eines weiß ich sicher: die einzigen unter euch, die wirklich glücklich werden, sind diejenigen, die Gelegenheiten gesucht und gefunden haben, um anderen zu dienen" (Albert Schweitzer). Du kannst einem anderen nicht helfen, ohne daß dir selbst geholfen wird. „Wer gerne wohltut, wird reichlich gesättigt, und wer andere tränkt, wird auch selbst getränkt" (Spr. 11, 25).

Wer nicht bereit ist zu dienen, wird niemals wahre Größe erreichen. Strecke niemals deine Hand aus, wenn du nicht bereit bist, den ganzen Arm zu geben. Das Glück treibt die tiefsten Wurzeln im Boden des Dienens. Glück ist wie Kartoffelsalat – wenn man ihn mit anderen teilt, wird ein Picknick daraus. Wenn du wissen möchtest, ob du ein erfolgreiches Leben führst, dann frage dich, ob man dich als einen Diener bezeichnet.

Kostbare Wahrheit Nr. 42

Tu' heute, was du am liebsten auf morgen verschieben würdest.

Die bevorzugte Strategie des Teufels, mit der er dich zum Scheitern bringen will, ist Aufschub. Mache dir bewußt, daß die beste Zeit, um aktiv und produktiv zu sein, *jetzt* ist. Wenn du aus einer einfachen Aufgabe eine schwierige Sache machen möchtest, dann verschiebe sie auf später. „Wir sind alle auf der Flucht, und die Dinge, die wir gestern nicht getan haben, sind die Bluthunde von heute" (Prism). Joseph Newton sagte: „Eine Pflicht, der wir nicht nachkommen, ist wie eine nicht bezahlte Schuld; sie ist nur aufgeschoben, und wir müssen schließlich doch zurückkommen und die Rechnung begleichen." Arbeit ist die beste Erfindung aller Zeiten, um die Zeit totzuschlagen.

Was hält uns zurück? „Es gibt unter uns jene, die immer das Leben ‚bald' so richtig auskosten werden. Wir warten, bis sich gewisse Dinge geändert haben, bis wir mehr Zeit haben, bis wir nicht mehr so müde sind, bis wir befördert werden, bis wir im Ruhestand sind – bis, bis, bis. Es hat ständig den Anschein, als ob in unserem Leben noch irgendein großes Ereignis stattfinden muß, bevor wir richtig anfangen zu leben" (George Sheehan). *Irgendwann* einmal bedeutet *niemals*. Das „Irgendwann" kommt nie. Jemand, der sich etwas stark wünscht, aber nichts unternimmt, um sich seinen Wunsch zu erfüllen, bewegt sich im Leerlauf. Du solltest immer damit rechnen, daß abgestandenes Wasser giftig ist.

Das einzige, was bei einem Menschen, der alles aufschiebt, von selbst geschieht, ist, daß er alt wird. Tu' das, was du am liebsten auf morgen verschieben würdest, schon heute! „Laß dich nicht von der Faulheit täuschen; denn was du ihr heute zugestehst, wird sie dir morgen rauben“ (H. Crowquill). Nichts ist so kraftraubend wie eine unerledigte Aufgabe im Schlepptau. Wenn du auf der Stelle trittst, wird jeder an dir vorbeigehen.

Wenn Zeitverschwendung für jemanden zur Gewohnheit geworden ist, verschwendet er sicherlich auch sehr viel Zeit, die nicht für ihn gedacht war. „Einmal heute ist mehr wert als zweimal morgen“ (Ben Franklin). Was irgendwann einmal getan wird, wird nie getan. Das Leben ist wie ein Taxi: das Taxometer läuft, ob du fährst oder stehst (Lou Erickson). Der erfolgreiche Mensch tut das, wofür andere niemals die Zeit finden. Was der Narr zum Schluß macht, macht ein weiser Mensch am Anfang.

Anhaltende Untätigkeit lähmt jegliche Initiative. „Bleib nicht zitternd am Ufer stehen; spring sofort hinein, und bringe es hinter dich“ (Sam Slick). Morgen ist der arbeitsreichste Tag der Woche. Wenn du einen Berg besteigen mußt, dann denke nicht, daß er kleiner wird, wenn du wartest.

Ein Faulpelz muß hundert Schritte machen, weil er nicht zur rechten Zeit den einen Schritt gegangen ist. Wenn es möglich ist, dann triff die Entscheidung jetzt, auch wenn das Projekt noch in der Zukunft liegt. Eine überdachte Entscheidung ist meistens besser als eine, die im letzten Moment getroffen wird. „Der Narr überlegt dieses und jenes und bereitet sich ständig darauf vor zu leben“ (Epicurus). Wer nur herumfuchtelt, wird selten Dirigent werden. Aufschieben kann gefährlich werden, denn es ist immer besser, zwei Tage zu früh zu ernten als einen Tag zu spät. Wehe dem Menschen, der bis zum letzten Tag wartet.

„‚Morgen werde ich leben‘, sagt der Narr; doch morgen ist es schon zu spät; die Klugen leben gestern“ (Martial). „Während sich der Narr über das Bißchen freut, das er hat, bin ich auf der Jagd nach mehr. Man jagt nach mehr, indem man sich all seine freien Augenblicke zunutze macht ... derjenige, der immer die Zeit totschlägt, bringt sich in Wirklichkeit um seine eigenen Chancen im Leben“ (Arthur Brisbane).

Kostbare Wahrheit Nr. 43

Räume Gott denselben Platz in deinem Herzen ein, den Er im Universum hat.

Das häufigste Gebet, das ich für mich selbst bete, basiert auf Psalm 51, 12. Ich habe festgestellt, daß dieses Gebet ein Schlüssel dafür war, Antriebskraft in mein Leben zu bringen. Dort heißt es: „Erschaffe mir, Gott, ein reines Herz, und erneuere in mir einen festen Geist". Wir besitzen eine übernatürliche Zuversicht, Erwartung und einen übernatürlichen Frieden, wenn wir mit einem reinen Herzen und einem beständigen Geist vor dem Vater leben.

„Doch der Gerechte wird an seinem Weg festhalten, und der, dessen Hände rein sind, wird an Stärke zunehmen" (Hiob 17, 9). Ein reines Herz wird bewirken, daß deine Lebenskraft zunimmt. Achte darauf, daß du die richtige Herzenseinstellung bewahrst, besonders dann, wenn es zutiefst verletzt ist.

Tu' das Richtige! Wenn du nicht die Frucht der Sünde ernten möchtest, dann halte dich vom Obstgarten des Teufels fern. Man kann an einem Ort nicht erwischt werden, den man nie besucht. Wenn Schlechtes nicht in Schach gehalten wird, wächst es. Das Böse, das du tolerierst, wird dich und all diejenigen, an denen dir etwas liegt, vergiften.

Sei ehrlich mit dir selbst! Dieser Faktor allein schon öffnet Gott viele Türen, um in deinem Herzen und Geist zu wirken. Gestehe dir ein, wohin das Böse dich führen könnte, und tu' dann, was du tun mußt, um frei zu bleiben. Halte dein Herz rein und sei gesegnet. Jesus Christus sagt: „Glückselig, die reinen Herzens sind ..." (Matth. 5, 8). Außerdem heißt es in der Bibel: „Seid stark, und euer Herz fasse Mut, alle, die ihr auf den Herrn harrt!" (Ps. 31, 25).

Bleib ehrlich, schäme dich niemals, das Richtige zu tun; entscheide dich für das, wovon du denkst, daß es richtig ist, und halte daran fest. Hoffnung, Glaube und die richtige Herzenseinstellung werden jegliche Verzweiflung buchstäblich aushungern lassen. Mit Verzweiflung wird man nicht fertig, indem man aufgibt. Man wird am besten mit ihr fertig, indem man ihr eins draufgibt. Es ist nett, wichtig zu sein, doch es ist stets wichtiger, nett zu sein.

Keine Macht der Welt kann einen Mann erster Klasse unten oder einen Mann dritter Klasse oben halten. Der Preis für ein Leben auf niedrigem Niveau ist immer sehr hoch. Räume Gott den erhabenen Platz, den Er im Universum hat, auch in deinem Herzen ein! Erlaube ihm, in dir ein reines Herz und einen rechten Geist zu schaffen. Dann wirst du ein Mensch werden, dessen Motive rein sind, und der die richtige Einstellung besitzt.

Kostbare Wahrheit Nr. 44

Es ist niemals sicher, angsterfüllt in die Zukunft zu blicken.

Die größten Lügner auf dieser Welt sind deine eigenen Ängste. „Sorge ist der Verräter in unserem Lager, der unser Pulver naß macht und unsere Zielstrebigkeit schwächt" (William Jorden). William Ward hat den Unterschied zwischen Glaube und Sorge herausgestellt. „Sich zu sorgen ist die negative Form von Glaube, Vertrauen auf Unangenehmes, die Gewißheit, daß Unheil bevorsteht, und der Glaube, daß man versagen wird ... Besorgnis ist ein Magnet, der negative Bedingungen anzieht. Glaube ist eine viel stärke Kraft, die positive Umstände erzeugt ... Wer sich sorgt, verschwendet heute seine Zeit damit, sich die morgigen Gelegenheiten durch die gestrigen Schwierigkeiten rauben zu lassen" (William A. Ward).

„Seid um nichts besorgt, sondern laßt in allem durch Gebet und Flehen mit Danksagung eure Anliegen vor Gott kundwerden" (Phil. 4, 6). „... indem ihr alle eure Sorge auf ihn werft; denn er ist besorgt für euch" (1. Petr. 5, 7).

Triff niemals eine Entscheidung aus Angst! Sorgen entstehen dann, wenn Menschen sich in Gottes Plan für ihr Leben einmischen. Laß es niemals dazu kommen, daß du „im Zweifelsfall zu Gunsten einer Sache" entscheidest – Zweifel kann nie zu Gunsten von etwas sein.

Die Ursache dafür, warum wir die meisten Schlachten verlieren, ist die unbegründete Angst vor der Stärke des Feindes. A. Purnell Bailey sagt, Sorgen seien wie Nebel: „Das Amt für Statistik in Washington teilt uns mit, daß ein dichter Nebel, der sich über eine Höhe von 30 Metern und eine Länge von sieben Häuserblöcken entlangzieht, aus weniger als einem Glas Wasser besteht. Diese Wassermenge ist in 60 Millionen kleine Tröpfchen aufgeteilt. Nicht viel Substanz! Trotzdem können diese winzigen Teilchen, wenn sie sich über eine Stadt oder einen Landstrich legen, die Sicht nahezu völlig versperren. Ein Becher voll Sorgen bewirkt in etwa dasselbe. Wir vergessen, Gott zu vertrauen. Die kleinen Tröpfchen der Besorgnis legen sich um unsere Gedanken, bis wir völlig eingehüllt sind und nichts mehr sehen können."

Eine der größten Entdeckungen, die du machen kannst, ist herauszufinden, daß du die Dinge, vor denen du Angst hattest, daß du sie nicht tun könntest, doch tun kannst. Ängstliche und selbstzufriedene Menschen sind neuen Ideen gegenüber verschlossen. Wenn Menschen von Angst befallen sind, sind sie nicht fähig, die notwendigen Veränderungen vorzunehmen, die diese Angst ausschalten würde.

Dale Carnegie hat geschrieben: „Einem alten Mann wurde einmal die Frage gestellt, was ihm die Freude in seinem Leben geraubt habe. Darauf antwortete er: ‚Es waren Dinge, die niemals geschehen sind'." Kannst du dich noch an die Dinge erinnern, über die du dir vor einem Jahr Sorgen gemacht hast? Was ist aus ihnen geworden? Haben sie dich damals nicht eine Menge Kraft gekostet? Und haben sich die meisten dieser Dinge schließlich als gar nicht so schlimm herausgestellt?

„Gott hat noch keinen Christen so stark gemacht, daß er die heutigen Pflichten auf sich laden und obendrauf noch die Sorgen von morgen stapeln kann" (Theodore Ledyard Cuyler). Der Psalmist hat den wirkungsvollsten Weg entdeckt, um die Angst zu bekämpfen. „An dem Tag, da ich mich fürchten muß, setze ich auf dich mein Vertrauen. Ich preise Gottes Wort. Ich vertraue auf Gott und fürchte mich nicht. Was können Menschen mir antun?" (Psalm 56, 4-5; Einheitsübersetzung).

Kostbare Wahrheit Nr. 45

WENN GOTT DEIN VATER IST, DANN RUF BITTE DAHEIM AN.

Gebet verleiht Schwungkraft. Es erhebt das Herz über die Herausforderungen des Lebens und läßt es die Möglichkeiten und Mittel Gottes erfassen, die Hoffnung vermitteln und zum Sieg verhelfen. Durch Gebet erhält ein Mensch Kraft, Gelassenheit und Frieden, damit er seine Bestimmung erfüllen, seine Pläne durchführen und seine Ziele erreichen kann. Die stärkste Energie, die jemand erzeugen kann, ist Gebetsenergie. Corrie ten Boom hat gesagt: „Der Teufel grinst, wenn wir Pläne machen. Er lacht, wenn wir zu beschäftigt werden. Aber er zittert, wenn wir beten."

„Macht euch keine Sorgen, sondern wendet euch in jeder Lage an Gott und bringt eure Bitten vor ihn. Tut es mit Dank für das Gute, das er euch schon erwiesen hat. Der Frieden Gottes, der alles menschliche Begreifen weit übersteigt, wird euer Denken und Wollen im Guten bewahren, weil ihr mit Jesus Christus verbunden seid" (Phil. 4, 6-7; Die Gute Nachricht). „Ein Tag, an dem das Gebet versäumt wird, wird sich wahrscheinlich nicht entfalten" (Unbekannt). Gott ist nie weiter als ein Gebet von dir entfernt. Wenn du das Gefühl hast, du verlierst den Boden unter den Füßen, dann geh auf deine Knie. Der Himmel ist offen für alle, die beten.

„Die Zeit, die wir mit Gott verbringen, ist niemals verlorene Zeit", sagt Gorden Lindsay. James Hudson Taylor hat es so ausgedrückt: „Gib dein Konzert nicht, bevor du deine Instrumente gestimmt hast. Fang deinen Tag mit Gott an." Martin Luther hat einmal gesagt: „Ich habe heute so viel zu tun, daß ich die ersten drei Stunden im Gebet verbringen werde." Wenn du betest, verbindest du dich mit Gottes unerschöpflicher Antriebskraft.

Leider beten viele Christen nicht; sie betteln nur. Bettle nicht. *Rede* mit Gott. Edwin Louis Cole betont: „Sich etwas zu wünschen wird niemals ein Ersatz für Gebet sein.“ Denke daran, daß Gebete nicht beantwortet werden können, bevor sie gebetet worden sind. „Alles, um was ihr auch betet und bittet, glaubt, daß ihr es empfangen habt, und es wird euch werden“ (Mark. 11, 24).

Wenn wir beten, müssen wir auch bereit sein, die Handlungen zu unternehmen, die notwendig sind, damit Gott unser Gebet erhören kann. Andrew Murray hat geschrieben: „Gebet ist kein Monolog, sondern ein Dialog; Gottes Stimme, die mir antwortet, ist sein wichtigster Bestandteil.“ Die Gebete, die jemand lebt, wenn er auf beiden Beinen steht, sind nicht weniger wichtig als die, die er auf seinen Knien verbringt. „Gebet praktisch zu leben ist strapaziöser für deine Schuhsohlen als für den Kniebereich deiner Hose“ (Osten O'Malley).

Der höchste Zweck des Glaubens oder des Gebets besteht nicht darin, die Umstände zu ändern, sondern dich. Bete, daß du in jeder Situation den Willen Gottes tust; für etwas anderes zu beten, lohnt sich nicht. Das Gebet verändert vielleicht nicht alle Dinge für dich, aber mit Sicherheit verändert es dich. Gebet ist die Haltestelle, von der aus du weiterkommst. Wenn Gott dein Vater ist, dann ruf bitte daheim an!

Kostbare Wahrheit Nr. 46

Lass los, damit du zugreifen kannst.

Du bist nicht frei, wenn du nicht von Gottes höchstem Plan für dein Leben gefesselt bist. Nur diejenigen, die an Christus gebunden sind, sind wirklich frei. In Seinem Willen finden wir unseren Frieden.

Wenn wir uns Ihm völlig hingeben, geschieht etwas sehr Bedeutungsvolles. „Denn die Augen des Herrn schweifen über die ganze Erde, um denen ein starker Helfer zu sein, die mit ungeteiltem Herzen zu ihm halten." (2. Chr. 16, 9; Einheitsübersetzung).

„Wenn ein Mann mit seinem rechten Fuß auf einer heißen Herdplatte und mit seinem linken Fuß in einer Tiefkühltruhe steht, würden einige Statistiker seinen Zustand so bewerten, daß er sich durchschnittlich gesehen wohl fühlt" (*Oral Hygiene*). Nichts ist weiter entfernt von der Wahrheit als diese Aussage. Gott möchte nicht, daß wir unser Leben lang einen Fuß im Himmel und einen Fuß in der Welt haben. Er möchte uns ganz.

D. L. Moody hat gesagt: „Es dauert nicht lange, um festzustellen, wo sich der Schatz eines Menschen befindet. Bei den meisten weiß man schon nach einer 15minütigen Unterhaltung, ob ihre Schätze auf der Erde oder im Himmel sind." Billy Graham betete als junger Mann: „Gott, laß mich etwas – irgend etwas – für dich tun." Schau dir heute das Resultat dieses einfachen, aber von Herzen kommenden Gebets an!

Diejenigen, die in allem Gottes Hand sehen können, können alles in Seine Hand geben. Du mußt loslassen, um zugreifen zu können. Wenn du nichts mehr hast außer Gott, wird dir zum erstenmal bewußt werden, daß Gott ausreicht. Sobald du dich entschließt, nichts vor Gott zu verbergen, zeigst du deine Liebe zu Ihm. „Der wichtigste Gedanke, den ich je hatte, war der, daß ich persönlich vor Gott verantwortlich bin“ (Daniel Webster).

Die Welt hat selten gesehen, was Gott mit einem, für und durch einen Menschen tun kann, der Ihm völlig ergeben ist. Was und wie du anbetest, bestimmt, was du werden wirst. Corrie ten Boom erteilte den Ratschlag: „Halte dich nicht damit auf, Gott Anweisungen zu geben. Melde dich einfach zum Dienst.“

Martin Luther faßt die Beschreibung völliger Hingabe so zusammen: „Gott hat die Welt aus nichts erschaffen, und solange wir nichts sind, kann Er etwas aus uns machen.“

Kostbare Wahrheit Nr. 47

VERSCHIEBE, DICH ZU FREUEN, NICHT AUF SPÄTER.

Enthusiasmus verändert alles. An der Länge deines Lebens kannst du nichts ändern, doch an seiner Bandbreite und Tiefe, und zwar, indem du ihm Freude und Begeisterung hinzufügst. Wenn du Freude am Leben hast, wird das Leben für dich Begeisterung bereithalten. „... ein fröhliches Herz hat ein ständiges Festmahl" (Spr. 15, 15). William Ward sagte: „Begeisterung und Ausdauer können aus einem durchschnittlichen Menschen eine herausragende Persönlichkeit machen; Gleichgültigkeit und Lethargie dagegen machen eine erstklassige Person zu einem Durchschnittsmenschen."

„Seid allezeit fröhlich, betet ohne Unterlaß, seid dankbar in allen Dingen; denn das ist der Wille Gottes in Christus Jesus für euch" (1. Thess. 5, 16-18). Verschiebe, dich zu freuen, nicht auf später! Freude ist das untrüglichste Anzeichen für die Gegenwart Gottes. Es ist das Echo des göttlichen Lebens, das in uns ist. Begeisterung ist etwas, das von innen kommt.

Wenn du abends hundemüde bist, liegt das vielleicht daran, daß du den ganzen Tag geknurrt hast. Lerne, über dich selbst zu lachen. Ein Mensch, der viel Sinn für Humor hat, mag vielleicht andere langweilen, er selbst jedoch erlebt keinen einzigen öden Augenblick. „Bei all den Dingen, die Gott geschaffen hat, bin ich ihm oftmals am meisten dafür dankbar, daß Er das Lachen erfunden hat" (Chuck Swindoll). Humor hat im Leben dieselbe Funktion wie Stoßdämpfer im Auto.

Am wirkungsvollsten kannst du andere beeinflussen, indem du sie anlächelst. Du bist erst dann komplett angezogen, wenn du ein Lächeln auf den Lippen hast. Das beste Gesichts-Lifting ist ein

Lächeln. Lächeln ist von Vorteil, eine ernste Miene von Nachteil. Manche Leute grinsen und ertragen; andere lächeln und verändern. Shelby Friedman hat folgenden Rat erteilt: „Sei wie Mona Lisa. Sie lächelt unablässig, obwohl sie mit dem Rücken zur Wand steht."

Begeisterung ist ebenso wie Pessimismus ansteckend. Wieviel von beidem verbreitest du? „Es ist schwierig, in der Gegenwart eines Optimisten neutral oder unverändert zu bleiben" (Denis Waitley).

Dir kann nahezu alles gelingen, was du mit grenzenloser Begeisterung anpackst. „Ich habe die Erfahrung gemacht, daß die beste kreative Arbeit niemals dann durchgeführt wird, wenn man unglücklich ist", sagte Albert Einstein. Jeder Erfolg eines Genies muß das Resultat von Enthusiasmus sein. Auf jede Gelegenheit, die du verpaßt, weil du zu enthusiastisch bist, kommen hunderte, die du versäumst, weil du nicht enthusiastisch genug bist. Ich ziehe närrische Begeisterung gleichgültiger Logik vor.

Du wirst selten bei irgendeiner Sache Erfolg haben, wenn sie dir keinen Spaß macht!

Радость перед Господом - сила моя!
Еф 5.4
Смехотворство - противоположность радости, извращенная радость
Печаль сушит кости, а веселие как врачевство.

Kostbare Wahrheit Nr. 48

BAUE AUF ERFOLGEN AUF.

Einfach ausgedrückt, gibt es zwei unterschiedliche Zeitpunkte, zu denen ein Mensch am ehesten aufgibt: nach einem Fehlschlag oder nach einem Erfolg. Wie viele Menschen mit großem Potential hast du kennengelernt? Was ist aus ihnen geworden? Die meisten begabten Menschen hören auf, weil sie nicht auf ihre Erfolge aufbauen.

Erfolg hat aus vielen Menschen Versager gemacht. Hör also nach einem Erfolg nicht auf – *bau darauf auf*! Wenn du bereits erfolgreich warst, dann wage dich an etwas Schwierigeres heran.

Wenn du schon einmal in Schwung bist, dann kannst du auch weitermachen. Jeder Sieg bringt lediglich den Teilnahmeschein für eine noch größere Herausforderung mit sich. Der größte Nutzen eines Erfolgs ist die Möglichkeit, noch mehr zu tun. „Gelegenheiten vermehren sich, wenn man sie ergreift" (John Wicker). Je mehr du tust, desto mehr kannst du tun.

„Vielleicht ist es gut, daß sich nicht alle deine Träume erfüllt haben. Denn wenn du alles bekommst, was du dir wünschst, bist du in einem miserablen Zustand. Sich stets nach etwas auszustrecken, sich nicht zufrieden zu geben ist ein Schlüsselelement, um in Schwung zu bleiben" (*North Carolina Christian Advocate*).

Wer mit dem zufrieden ist, was er getan hat, wird nie berühmt dafür werden, was er tun wird. Thomas Edison sagte: „Zeig mir einen durch und durch zufriedenen Menschen, und ich zeige dir einen Versager."

Der erste Schritt, um irgendwo hinzukommen, ist die Entscheidung, daß du nicht dort bleiben willst, wo du jetzt bist. Wenn dir etwas gelungen ist, wird dies Komfort und finanziellen Wohlstand mit sich bringen, doch verwechsle dann Komfort nicht mit Glück und Geld nicht mit Erfolg. Nicht das, was du bekommst, macht dich erfolgreich; es ist vielmehr das, was du mit dem, was du hast, kontinuierlich tust.

Bedenke dies dein ganzes Leben:
morgen wird es noch mehr zu tun geben.
Das Versagen lauert schon auf den,
der nichts als den Erfolg von gestern mehr kann seh'n (Unbekannt).

Kostbare Wahrheit Nr. 49

LIEBE ÖFFNET.

„Welche Kraft ist zu mehr fähig als die Liebe?“ (Igor Stravinsky). Liebe ist die wichtigste Zutat für Erfolg. Ohne sie ist dein Leben von gähnender Leere erfüllt. Jesus hat gesagt: „Daran werden alle erkennen, daß ihr meine Jünger seid, wenn ihr Liebe untereinander habt“ (Joh. 13, 35). Es gibt einen einfachen Weg, wie man ein Leben in Liebe führen kann: Atme den Geist Gottes ein, dann atmest du Seine Liebe aus.

Die Liebe findet einen Weg. Alles andere findet eine Ausrede. „Jagt der Liebe nach“ (1. Kor. 14, 1; Einheitsübersetzung).

Liebe die Menschen mehr, als sie es verdient haben. Versäume keine Gelegenheit, um einem anderen Menschen ein freundliches Wort zu sagen. „Wenn du auf dein Leben zurückblickst, wirst du feststellen, daß die Augenblicke, in denen du wirklich gespürt hast, daß du lebst, die Momente waren, in denen du im Geist der Liebe gehandelt hast“, sagt Henry Drummond.

„Stetige Freundlichkeit kann sehr viel erreichen. So wie die Sonne das Eis zum Schmelzen bringt, bewirkt Freundlichkeit, daß sich Mißverständnisse, Mißtrauen und Feindseligkeit in Luft auflösen“ (Albert Schweitzer). Freundlichkeit hat mehr Sünder zur Umkehr gebracht als Eifer, Wortgewandtheit oder Vorbereitung. Sei stets freundlich!

Augustinus hat Liebe folgendermaßen beschrieben: „Wie sieht Liebe aus? Sie hat Hände, die anderen helfen. Sie hat Beine, die den Armen und Notleidenden entgegeneilen. Sie hat Augen, die Elend und Not sehen. Sie hat Ohren, die das Wehklagen und das Leid der Menschen hören.“ – „Liebe kann die Welt für einen Augenblick verwandeln. Liebe ist Leben ... und wenn du an der Liebe vorbeigehst, gehst du am Leben vorbei (Leo Buscaglia).

In der Bibel heißt es: „Wir wissen, daß wir aus dem Tod in das Leben hinübergegangen sind, weil wir die Brüder lieben ..." (1. Joh. 3, 14). Tu' alles, was du tust, in Liebe, denn die Liebe öffnet, die Liebe fragt, die Liebe streckt sich aus, und die Liebe erschafft.

Sei liebenswert, damit du geliebt wirst. Lege besonderen Wert darauf, jemanden zu lieben, der es nicht verdient hat, und „vor allem laßt nicht nach in der Liebe zueinander. Denn die Liebe macht viele Sünden wieder gut" (1. Petr. 4, 8; Die Gute Nachricht).

Kostbare Wahrheit Nr. 50

Lass nicht zu, dass die Vergangenheit zuviel Raum des Heute einnimmt.

Letzte Nacht ist heute zu Ende. Es ist also heute viel zweckmäßiger, nach vorne zu schauen und sich vorzubereiten, als zurückzublicken und zu bereuen. Laß es nicht dazu kommen, daß Reue den Platz für deine Träume einnimmt. „Ein Mensch ist erst dann alt, wenn reuevolle Erinnerungen ihm keinen Raum mehr für Träume lassen" (John Barrymore). Reue schaut zurück. Besorgnis schaut um sich. Glaube richtet den Blick nach oben.

Man kann das Leben rückblickend verstehen, doch man muß es vorausblickend leben. Wenn die Geschichte der Vergangenheit das einzige wäre, was zählt, wären Bibliothekare die einzigen Menschen auf der Welt, die erfolgreich sind. Die Vergangenheit sollte nur unter dem Aspekt der Dankbarkeit für die guten Dinge, die Gott getan hat, betrachtet werden; blicke also mit Dankbarkeit zurück und mit Zuversicht nach vorne. Deine Vergangenheit ist der Beginn deines neuen Anfangs.

Denke darüber nach, was Vivian Laramore gesagt hat: „Ich habe die Tür, die nach gestern führt, abgeschlossen und den Schlüssel weggeworfen – ich fürchte mich nicht vor morgen, weil ich das Heute gefunden habe." Benutze die Vergangenheit als Sprungbrett, nicht als Liegestuhl. Die Träume für die Zukunft sind weitaus wertvoller als die Geschichte der Vergangenheit. „Die Weisheit läßt den Klugen merken, welchen Weg er gehen soll; aber die Torheit der Narren betrügt sie selbst" (Spr. 14, 8; Schlachter).

Laß los, was dich zurückhält

Erfahrung ist bestenfalls die Lösung von gestern für die Probleme von heute. Sie sollte lediglich die Richtung weisen, jedoch nie zum Gefängniswärter werden. Deine Vergangenheit ist nicht dein Potential. Baue niemals deine Zukunft auf deiner Vergangenheit auf. Sie ist vergangen. Du mußt bereit sein, dein früheres Leben hinter dir zu lassen.

Gott zieht deine Vergangenheit nicht in Betracht, um deine Zukunft zu bestimmen. „Denkt nicht an das Frühere, und auf das Vergangene achtet nicht! Siehe, ich wirke Neues! Jetzt sproßt es auf. Erkennt ihr es nicht? Ja, ich lege durch die Wüste einen Weg, Ströme durch die Einöde" (Jes. 43, 18-19).

„Richte deinen Blick auf die Straße, und benutze deinen Rückspiegel nur, um Schwierigkeiten zu vermeiden" (Daniel Meacham). Hör auf, in die Vergangenheit zu reisen. Begehe nicht den Fehler und erlaube, daß die Vergangenheit zuviel Raum des Heute einnimmt.

Kostbare Wahrheit Nr. 51

Schlüsselelemente für Antriebskraft.

1. Einigkeit
2. Mut
3. Kreativität
4. Wunsch
5. Ausdauer
6. Konzentration
7. Dankbarkeit
8. Hoffnung
9. Integrität
10. Jesus
11. Freundlichkeit
12. Treue
13. Barmherzigkeit
14. Günstige Umstände
15. Gelegenheiten
16. Friede
17. Fragen
18. Risiko
19. Dienende Haltung

20. Richtiger Zeitpunkt
21. Einheit
22. Werte
23. Wille
24. Hervorragend sein
25. Tiefes Verlangen
26. Eifer

Kostbare Wahrheit Nr. 52

JEDER BRAUCHT EINE AUFBAUSPRITZE FÜR SEINEN GLAUBEN.

Glaube kann deine Zukunft neu schreiben. „Das einzige, das zwischen einem Menschen und dem, was er vom Leben erwartet, steht, sind oftmals nur der Wille, es zu versuchen, und der Glaube, daß es möglich ist" (Richard DeVos). Glaube ist wie eine Taschenlampe: Ganz gleich, wie dunkel es wird, wird sie dir helfen, deinen Weg zu finden. „Jeder morgige Tag hat zwei Türklinken; wir können die der Besorgnis oder die des Glaubens ergreifen" (*Southern Baptist Brotherhood Journal*).

Reue schaut zurück; Sorge schaut um sich; Glaube schaut nach oben. Große Leiter haben alle dieselbe geistliche Gabe: den Glauben. Gott hält für jeden Menschen etwas bereit, der seinen Glauben an Ihn bewahrt. Er ist „denen, die ihn suchen, ein Belohner" (Hebr. 11, 6). Dein Leben wird sich gemäß deinem Glauben entweder zurückentwickeln, oder Wachstum erleben.

Denke wie ein Mann der Tat, und handle wie ein Mann des Glaubens! Der Betende bittet um Regen, der Glaubende spannt den Regenschirm auf. Du mußt zuerst glauben, wenn du etwas erreichen möchtest. Paul Little meinte: „Glaube, von seinem Wesen her, erfordert Handlung. Glaube ist Handeln – niemals eine passive Einstellung." Glaube ist keine Tablette, die man einnimmt, sondern ein Muskel, den man benutzt. Es ist Glaube, wenn deine Hände und Beine weiterarbeiten, während dein Kopf und andere Leute sagen, daß es unmöglich ist, es zu schaffen. Um zu siegen, ist aktiver Glaube notwendig.

Laß los, was dich zurückhält

Durch den Glauben kannst du Entscheidungen treffen, selbst wenn du keinerlei Sicherheit hast oder noch alles ungewiß ist. Das hat nichts mit Tagträumerei zu tun, sondern mit Entscheidungskraft. A. W. Tozer hat geschrieben: „Echter Glaube ist nicht der Stoff, aus dem Träume gemacht werden, sondern er ist vielmehr stark, praktikabel und durch und durch realistisch. Glaube sieht das Unsichtbare; er sieht nicht etwa Dinge, die nicht existieren." Corrie ten Boom hat Glaube so beschrieben: „Er ist wie ein Radar, der durch den Nebel dringt und reale Dinge wahrnimmt, die sich in der Ferne befinden und vom menschlichen Auge nicht wahrgenommen werden können." In der Welt gilt das Motto: ‚Ich glaube, was ich sehe'. Doch der Glaubende sieht, was er glaubt.

Man könnte den Glauben auch mit einer Zahnbürste vergleichen. Man sollte eine besitzen und täglich von ihr Gebrauch machen, man sollte jedoch nie die eines anderen benutzen. Ralph Waldo Emerson sagte: „Alles, was ich gesehen habe, lehrt mich, dem Schöpfer für all das, was ich nicht gesehen habe, zu vertrauen." Zweifel ist eine große Plage der modernen Zeit; Glaube ist das Heilmittel dafür. Echter Glaube wird sich weigern, irgend etwas zu sehen, das der Bibel widerspricht. Er sieht nicht auf die Umstände oder Gegebenheiten, sondern auf die Verheißung.

Zweifel sieht das Hindernis,
Glaube sieht den Pfad;
Zweifel sieht das Dunkel der Nacht,
Glaube sieht den Tag.
Zweifel wagt sich keinen Schritt vorwärts,
Glaube schwingt sich himmelwärts,
Zweifel fragt: „Wer glaubt so was?"
Glaube antwortet: „Ich tu' das!"
(Unbekannt)

NACHWORT

Sei so, wie Gott dich geschaffen hat – sei ein Original! Gib dich nicht mit weniger zufrieden. Schau nicht zurück. Schau nach vorne, und triff heute die Entscheidung, Schritte zu unternehmen, die Seinem Plan für dein Leben entsprechen.

Empfange Seine Antriebskraft für dein Leben. Laß alles los, was dich zurückhält. Sei dir gewiß, daß Gott weiterhin Seinen Willen in dir zustande bringen wird.

Rufe dir 1. Thessalonicher 5, 24 ins Gedächtnis, wo es heißt: „Treu ist, der euch beruft; er wird es auch tun."

Über den Autor

John Mason ist Gründer und Präsident von *Insight International.* Durch seinen Dienst ermutigt er Gläubige, von ihren Begabungen und Talenten Gebrauch zu machen, während sie Gottes Gesamtplan für ihr Leben erfüllen. Für Menschen in leitenden Positionen hat er verschiedene Handbücher verfaßt und Kassettenserien produziert. Er ist Absolvent der Oral-Roberts-Universität in Tulsa, Oklahoma. Sein Fachgebiet ist Betriebswirtschaft.

John Mason ist zudem dazu berufen, auf besondere Weise in der Kraft des Heiligen Geistes in Gemeinden, bei Konferenzen für Männer und Frauen und bei anderen christlichen Organisationen zu predigen und zu dienen.

John hatte das Glück, in einer christlichen Familie aufzuwachsen – nämlich bei seinen Eltern Chet und Lorene Mason in Fort Wayne (Indiana). Er, seine Frau Linda und ihre vier Kinder, Michelle, Greg, Mike und David, wohnen zur Zeit in Tulsa (Oklakoma).

Du bist als Original geboren, stirb nicht als Kopie!
John Mason
55732 128 Seiten 14,80 DM

Dieses Buch ist dazu gedacht, Durchschnittlichkeit und unerfüllte Träume endgültig aus deinem Leben hinauszubefördern. Der Schreibstil des Bestsellerautors J. Mason ähnelt dem Buch der Sprüche aus der Bibel. Durch kurze Aussprüche regt er zum Denken an, fordert heraus und ermutigt. So beinhaltet dieses Buch in 52 Kapiteln Wahrheiten, die Hindernisse einreißen, damit du Vortrefflichkeit erreichst und in die ganze Fülle eintreten kannst, zu der Gott dich geschaffen hat. Gott hat dich für eine spezifische, einzigartige Aufgabe erwählt. Er will nicht, daß du eine andere Person nachahmst, sondern genau das Original wirst, zu dem Er dich berufen hat.

Der Köder des Feindes
Deine Reaktion bestimmt deine Zukunft
John Bevere
55642 235 Seiten 22,80 DM

- Mußt du immer deine Version der Geschichte erzählen?
- Bist du leicht mißtrauisch und neigst zu Unterstellungen?
- Drehen sich deine Gedanken ständig um deine alten Verletzungen?
- Hast du resigniert, weil dir jemand etwas angetan hat?

Dieses Buch deckt eine der heimtückischsten Fallen auf, mit deren Hilfe Satan versucht, dich von Gottes Willen abzubringen – Ärgernisse und Kränkungen.

Die Schule des Geistes
Erfolgreiches Leben in der geistlichen Welt
Roberts Liardon

55852	**170 Seiten**	**19,80 DM**

Vom Heiligen Geist geleitet zu werden, beeinflußt jeden Teil deines Lebens. Gott möchte dir in jedem Bereich deines Lebens helfen. Dabei möchte Er dir nicht den Spaß verderben, sondern dich weit über das hinaus, was du dir vorstellen kannst, segnen. In diesem Buch wirst du lernen:

- Wie du deinen Geist stärken kannst
- Sieben biblische Weisen, wie Gott Sein Volk leitet
- Die positiven Auswirkungen des Sprachengebets
- Wie du dein „inneres Zeugnis" erkennst
- Wie du dich von unbiblischer Führung befreist

JOHN BEVERE
Autor des Bestsellers
DER KÖDER DES FEINDES
DIE
FURCHT
DES
HERRN
Entdecke, wie du ein enger Freund
Gottes sein kannst

Gott garantiert Schulden-Freiheit
John Avanzini
55257 **100 Seiten** **12,80 DM**

Wenn du dadurch schuldenfrei werden würdest, daß du jeden Monat treu und brav deine Raten bezahlst, warum bist du dann deine Schulden nicht schon längst los geworden?

Tatsache ist, daß über 95 Prozent der Menschen, die verschuldet sind, regelmäßig ihre monatlichen Ratenzahlungen leisten. Trotzdem werden die meisten von ihnen noch verschuldet sein, wenn sie in den Ruhestand gehen. Laß es nicht so weit kommen, daß es dir genauso ergeht!

Kommunikation, Sex und Geld
Die drei häufigsten Beziehungsprobleme zwischen Mann und Frau
Edwin Louis Cole
55826 167 Seiten 19,80 DM

Der Mann wurde geschaffen, um die Herrlichkeit Gottes widerzuspiegeln. Nur wenn ein Mann es zuläßt, daß Gott an den privatesten Bereichen seines Lebens arbeitet, kann er die Fülle dessen empfangen, was die Herrlichkeit Gottes ihm zu geben hat, und wird seine Beziehung mit Gott und allen anderen, die Anteil an seinem Leben haben, nicht vernachlässigen. Verstehe die drei wichtigsten Elemente, aus denen eine beständige Beziehung aufgebaut ist. In der heutigen verdrehten Gesellschaft gibt es drei wesentliche Problembereiche zwischen Mann und Frau: Kommunikation, Sex und Geld.

Sonderpreise, nur solange der Vorrat reicht:

Die göttliche Invasionsmacht
Roberts Liardon
55803 — 58 Seiten — ~~8,90 DM~~ — 5,– DM

Spukhäuser, Geister und Dämonen
Roberts Liardon
55804 — 128 Seiten — ~~12,80 DM~~ — 7,– DM

Halte fest an Gottes Wort!
Roberts Liardon
55911 — 64 Seiten — ~~5,90 DM~~ — 4,– DM

Vergiß nicht, was Er dir Gutes getan hat!
Roberts Liardon
55921 — 48 Seiten — ~~5,90 DM~~ — 4,– DM

Schluß mit dem Versteckspiel
Richard Perinchief
55901 — 64 Seiten — ~~8,90 DM~~ — 5,– DM

Der Preis für geistliche Kraft
Roberts Liardon
55801 — 37 Seiten — ~~7,90 DM~~ — 5,– DM

Religiöse Politik – Menschen- oder gottgefällig?
Roberts Liardon
55802 — Minibuch — ~~2,90 DM~~ — 2,– DM

Ab Frühling 2001 erhältlich

Kostbarer als Geld
von John Avanzini

Erkenne deine Bestimmung
von Mike Murdock

Überwinde die Durchschnittlichkeit
von John L. Mason

Porträts mutiger Männer
von Edwin Louis Cole

Auf der Suche nach Erweckung
von Ron McIntosh

Mehr als Genug
von John Avanzini

Adullam Verlag
St.-Ulrich-Pl. 8
85630 Grasbrunn
Tel. (0 89) 46 88 01
Fax: (0 89) 46 20 17 90
www.adullam.de